新世纪应用型高等教育会计类课程

企业会计及纳税实务
综合模拟实验

QIYE KUAIJI JI NASHUI SHIWU

ZONGHE MONI SHIYAN

新世纪应用型高等教育教材编审委员会 组编

主　编　陈利军　陈建国

副主编　苏　玲　田　斌

大连理工大学出版社

图书在版编目(CIP)数据

企业会计及纳税实务综合模拟实验 / 陈利军,陈建
国主编. — 大连：大连理工大学出版社,2017.2
新世纪应用型高等教育会计类课程规划教材
ISBN 978-7-5685-0699-1

Ⅰ. ①企… Ⅱ. ①陈… ②陈… Ⅲ. ①企业会计—模
拟实验—高等学校—教材②企业管理—纳税—模拟实验—
中国—高等学校—教材 Ⅳ. ①F275.2-33②F812.423-33

中国版本图书馆 CIP 数据核字(2017)第 017702 号

大连理工大学出版社出版
地址：大连市软件园路 80 号　邮政编码：116023
发行：0411-84708842　邮购：0411-84708943　传真：0411-84701466
E-mail:dutp@dutp.cn　URL:http://www.dutp.cn
大连市东晟印刷有限公司印刷　　　大连理工大学出版社发行

幅面尺寸:185mm×260mm　　印张:16　　　字数:215 千字
印数:1～3000
2017 年 2 月第 1 版　　　　　2017 年 2 月第 1 次印刷

责任编辑:王晓历　　　　　　　　责任校对:李　楠
封面设计:张　莹

ISBN 978-7-5685-0699-1　　　　　　定　价:36.80 元

前　言

　　《企业会计及纳税实务综合模拟实验》是新世纪应用型高等教育教材编审委员会组编的会计类课程规划教材之一。

　　会计是经济管理的重要组成部分，是一门应用性较强的学科，强调理论与实际的结合。因此，会计教学必须重视学生动手能力的培养，以增强其分析、解决实际问题的能力，并进而加深其对理论知识的理解。会计实训是深化会计教学改革必不可少的环节，是学生获取综合知识、提高专业技能的重要保证。

　　企业会计及纳税实务综合模拟实验是会计专业、财务管理专业及其他相关专业学生在完成会计专项技能训练相关课程之后需要学习的综合性实践课程，为企业定岗实习和从事实际会计工作奠定基础。企业会计及纳税实务综合模拟实验是将业务、财务及纳税实务有机结合，使学生在熟悉企业业务流程和财务部门工作流程的基础上，全面掌握会计业务核算的基本综合技能，并将会计信息系统纳入企业信息系统之中，使学生了解和掌握手工与计算机处理会计业务的区别与联系。通过企业会计及纳税实务综合模拟实验，可以进一步提高学生的实际动手能力和分析问题、解决问题的能力。

　　本教材实验业务资料涵盖了会计学、财务会计、成本会计、财务管理、税法及审计学等会计专业主干课程的主要内容，模拟企业经济业务涉及供产销、筹资、投资、经营成果及其分配、有关税费计算与解缴等的各类业务与事项，完全模拟了手工与计算机会计两套系统的基本业务操作流程。实验具有很强的综合性、系统性和针对性，有利于培养学生的感性认知和综合分析能力。

新世纪

　　本教材以财政部现行的《企业会计准则》《企业所得税法》为依据,结合《会计基础工作规范》和《银行支付结算办法》,使学生动态地掌握会计及税法改革的新内容、新动向,使学生走向工作岗位后能尽快适应实际的工作岗位。

　　本教材由新疆财经大学陈利军、陈建国主编并负责统稿,新疆财经大学苏玲、田斌任副主编,新疆财经大学李薇、张伟参与了编写。具体编写分工如下:第一章、第二章、第七章由陈利军编写,第九章由陈建国编写,第四章、第八章由田斌编写,第三章、第十章由苏玲编写,第六章由李微编写,第五章由张伟编写。

　　在编写本教材的过程中,我们参考、借鉴了许多专家、学者的相关著作,参考了大量的相关资料和研究成果,对于引用的段落、文字尽可能一一列出,谨向各位专家、学者一并表示感谢。

　　限于水平,书中仍有疏漏和不妥之处,敬请专家和读者批评指正,以使教材日臻完善。

编　者

2017 年 2 月

所有意见和建议请发往:dutpbk@163.com

欢迎访问教材服务网站:http://www.dutpbook.com

联系电话:0411-84708445　84708462

目　录

第一章

模拟实验操作规范

一、会计工作流程

1. 会计信息的一般处理程序

会计信息的一般处理程序是从原始凭证开始,根据原始凭证编制记账凭证,根据记账凭证登记账簿,再根据账簿编制会计报表。

2. 会计信息的核算组织程序

在会计信息的核算体系中,由于对记账凭证的处理方法不同以及登记总账的依据不同,形成了不同的核算组织程序。会计信息的核算组织程序主要有:(1)记账凭证核算组织程序;(2)科目汇总表核算组织程序;(3)汇总记账凭证核算组织程序;(4)日记账核算组织程序;(5)分录日记账(通用日记账)核算组织程序。前四种核算组织程序适用于手工进行会计核算的单位,后一种适用于使用计算机处理会计信息的单位。各种核算组织程序的联系如图 1-1 所示。

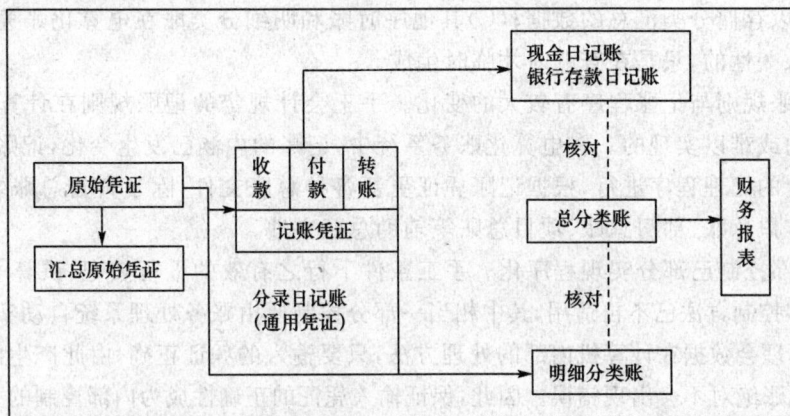

图 1-1　核算组织程序图

3. 会计电算化的账务处理系统

会计电算化的账务处理系统又称总账系统,是会计核算的核心,其他业务系统往往需要读取账务处理系统的数据进行核算,而且要将处理结果汇总生成凭证送账务处理系统统一处理。

会计电算化账务处理系统的基本任务主要有以下几个：

(1)力求实现会计循环的自动化。但从原始凭证到记账凭证的确认目前还不能全部实现自动化。

(2)实现会计信息的多元分类。即不仅实现对总账、日记账和明细账的管理，还要实现对往来部门、项目、数量、单价、外汇及汇率的管理。

(3)实现数据的高度共享。

会计电算化账务处理系统的主要特点有以下几个：

(1)遵循国际通用的复式记账原则。电算化账务处理系统简化了会计循环，消除了手工会计信息处理的许多技术环节，对会计人员的技术要求只在于从原始凭证到记账凭证的编制和确认。

(2)记账凭证是数据处理的起点。手工账务一般是从处理原始凭证开始，而电算化账务处理系统一般不直接处理原始凭证，无论采用前台或后台工作方式，一般都需要由人工编制记账凭证输入系统，并以此为起点开始数据处理。(A)部分凭证可以由机器自动生成。手工系统中所有的记账凭证都要人工制作，而电算化账务处理系统中的部分记账凭证可以由系统自动生成，实现所谓的自动转账。(B)电算化账务处理系统内部对于待摊、预提、摊销、损益结转等每月固定的转账凭证可自动生成。(C)电算化账务处理系统中的其他子系统都可以自动生成记账凭证并传递给账务处理系统。(D)由电子商务产生的电子凭证也可以自动转换为记账凭证并传递给账务处理。

(3)计算机内部账簿体系有较大的变化。手工系统中严格设置日记账、明细账、总账等相互制约的账簿体系，但在电算化账务处理系统中，不一定存在与之对应的账簿体系。(A)记账凭证成为第一重要的凭证，它是永久性的会计档案，是生成其他序时账和分类账的基础；(B)总账也是一个重要的账簿，除了科目总账之外，还有部门总账、客户总账、项目总账等，以存储分类汇总的数据；(C)其他序时账和明细分类账在电算化账务处理系统中都不是永久性的，只是在查账时才临时生成。

(4)记账规则与记账程序有较大的变化。手工会计规定的记账规则在计算机中有些是不必要的或难以实现的。在电算化账务系统中，记账的内涵已发生变化，记账一般只能按一种固定的处理程序进行，根据记账凭证更新各种总账文件，除了科目总账之外，可能还要更新客户总账、部门总账、项目总账等辅助总账文件。

(5)内部控制已部分实现程序化。手工条件下行之有效的平行登记、试算平衡、签字盖章等许多控制方法已不再适用，其中相当一部分控制要由账务处理系统自动实现。会计人员可以不理会数据在计算机内部的处理方法，只要输入的凭证正确，由此产生的总账、明细账和日记账绝对不会出现错误。因此，保证输入凭证的正确性成为内部控制的关键。

(6)可以提供定期或实时的财务报表。尽管账务处理系统以输出账簿和固定报表为终点，它仍然是资产负债表等外部报表的主要数据来源。账务处理系统可以实现多元分类并实时更新各种分类汇总信息，所以，以此为基础的财务报告得以向内容多元化、形式多样化以及定期与实时报告相结合的模式发展。

(7)查账比手工系统更为方便。在电算化账务处理系统中，只要给出需求条件，就可以快速得到内容详尽、格式美观的本期(月、年)或跨年度的会计信息。

二、会计数字的书写标准与要求

1. 小写会计数字的书写标准与要求

（1）各数字自成体型，大小匀称，笔顺清晰，合乎手写体习惯，流畅、自然，不刻板。

（2）数字的填写必须使用蓝（黑）墨水笔，不得使用铅笔或圆珠笔，书写数字时应使每位数字（"7""9"除外）紧靠行格底线，数字与底线成60°的倾斜角，上方应留有适当空距（一般是空1/2格），不可满格（顶格）书写。

（3）除"4""5"以外的各单数字，均应一笔写成，不能人为地增加数字的笔画。整个数字要书写规范、流利、工整、清晰、易认不易改。

（4）数字要逐个填写清楚，不得连写。在数字前应填写人民币符号"¥"，数字一律填写到角分。无角分的，在角位和分位填写"00"或"—"；有角无分的，分位应填写"0"，不得用"—"代替。

（5）注意不要把"0"和"6"、"1"和"7"、"3"和"8"、"7"和"9"写混。

（6）整数部分从小数点起向左按"三位一节"用分位点","或空格分开。

2. 中文大写数字的书写标准与要求

（1）中文大写金额数字应用正楷或行书填写，如壹、贰、叁、肆、伍、陆、柒、捌、玖、拾、佰、仟、万、亿、元、角、分、零、整等。

（2）"角"不能用"毛"代替，"零"不能写成"另"。

（3）大写金额未到分位的，应在其后写"整（正）"字。

（4）大写金额前要冠以"人民币"字样，其与大写金额首位数字之间不留空位，数字之间更不能留空位。

（5）阿拉伯数字中有"0"的，大写金额应写"零"字对应，如"¥109.80元"，应写成"人民币壹佰零玖元捌角整"。阿拉伯数字中连续有几个"0"时，大写金额中可以只写一个"零"字，如"¥300.40元"，可写成"人民币叁佰元零肆角整"。

三、原始凭证实操规范

1. 原始凭证的基本规范

（1）原始凭证的内容必须齐全：凭证的名称；填制凭证的日期；填制凭证单位名称或者填制人姓名；经办人员的签名或者签章；凭证接收单位的名称；经济业务内容；数量、单价和金额。

（2）从外单位取得的原始凭证，必须盖有填制单位的公章；从个人取得的原始凭证，必须有填制人员的签名或者签章。自制原始凭证必须有经办单位领导或者其指定的人员的签名或者签章。对外开出的原始凭证，必须加盖本单位公章。

（3）凡填有大写和小写金额的原始凭证，大写与小写金额必须相符。购买实物的原始凭证，必须有验收证明；支付款项的原始凭证，必须有收款单位和收款人的收款证明。

（4）一式多联的原始凭证，应当注明各联的用途，只能以一联作为报销凭证。一式多联的发票和收据，必须用双面复写纸（发票和收据本身具备复写纸功能的除外）套写，并连续编号。作废时应当加盖"作废"戳记，连同存根一起保存，不得撕毁。

(5)发生销货退回的,除填制退货发票外,还必须有退货验收证明;退款时,必须取得对方的收款收据或者汇款银行的凭证,不得以退货发票代替收据。

(6)职工公出借款凭据,必须附在记账凭证之后;收回借款时,应当另开收据或者退还借据副本,不得退还原借款收据。

(7)经上级有关部门批准的经济业务,应当将批准文件作为原始凭证附件。如果批准文件需要单独归档,应当在凭证上注明批准机关名称、日期和文件字号。

2. 主要原始凭证的填写规范

(1)支票的填写

A、出票日期(大写):数字必须大写。大写数字写法:零、壹、贰、叁、肆、伍、陆、柒、捌、玖、拾。

①壹月、贰月前"零"字必写,叁月至玖月前"零"字可写可不写;拾月至拾贰月必须写成壹拾月、壹拾壹月、壹拾贰月(前面多写了"零"字也认可,如零壹拾月)。

②壹日至玖日前"零"字必写,拾日至拾玖日必须写成壹拾日及壹拾×日(前面多写了"零"字也认可,如零壹拾伍日,下同),贰拾日至贰拾玖日必须写成贰拾日及贰拾×日,叁拾日和叁拾壹日必须写成叁拾日及叁拾壹日。

举例:

2016 年 8 月 5 日:贰零壹陆年捌月零伍日(捌月前"零"字可写可不写,伍日前"零"字必须写)

2016 年 2 月 13 日:贰零壹陆年零贰月壹拾叁日

B. 收款人:

①现金支票收款人可写为本单位名称,此时现金支票背面"被背书人"栏内加盖本单位的财务专用章和法人章,之后收款人可凭现金支票直接到开户银行提取现金。由于有的银行各营业点联网,所以也可到联网营业点取款,具体要看联网覆盖范围而定。

②现金支票收款人可写为收款人个人姓名,此时现金支票背面不盖任何章,收款人在现金支票背面填上身份证号码和发证机关名称,凭身份证和现金支票签字领款。

③转账支票收款人应写为对方单位名称。转账支票背面不盖本单位公章。收款单位取得转账支票后,在支票背面"被背书人"栏内加盖收款单位财务专用章和法人章,填写好银行进账单后连同该支票交给收款单位的开户银行委托银行收款。

C. 付款行名称、出票人账号:本单位开户银行名称及银行账号。例如:××银行××区支行××分理处,账号:1502028409910066888

D. 人民币(大写):数字必须大写。大写数字写法:零、壹、贰、叁、肆、伍、陆、柒、捌、玖、拾、佰、仟、万、亿。注意:"万"字不带单人旁。

举例:

289,546.52:贰拾捌万玖仟伍佰肆拾陆元伍角贰分

7,560.31:柒仟伍佰陆拾元零叁角壹分(此时"陆拾元零叁角壹分"的"零"字可写可不写)

532.00:伍佰叁拾贰元正("正"也可写为"整",不能写为"零角零分")

425.03:肆佰贰拾伍元零叁分

325.20:叁佰贰拾伍元贰角(角字后面可加"正"或"整"字,但不能写"零分",比较特殊)

E.人民币小写:最高金额的前一位空白格用"￥"字占位,数字填写要求完整、清晰。

F.用途:

①现金支票有一定限制,一般填写"备用金""差旅费""工资""劳务费"等。

②转账支票没有具体规定,可填写"货款""代理费"等。

G.盖章:支票正面盖财务专用章和法人章,缺一不可。印泥为红色,印章必须清晰,印章模糊的只能将本张支票作废,换一张重新填写并盖章。反面盖章与否见"B.收款人"。

H.注意:

①支票正面不能有涂改痕迹,否则本张支票作废。

②受票人如果发现支票填写不全,可以补记,但不能涂改。

③支票的有效期为10天,日期首尾各算1天,节假日顺延。

④支票见票即付,不记名。支票丢失,尤其是现金支票丢失导致票面金额数目的现金丢失,银行不承担责任。现金支票一般要素填写齐全,假如支票未被冒领但丢失,在开户银行挂失。丢失的转账支票假如支票要素填写齐全,在开户银行挂失,假如要素填写不齐,到票据交换中心挂失。

⑤出票单位现金支票背面有印章盖模糊了,可把模糊印章打叉,重新再盖一次。

⑥收款单位转账支票背面印章盖模糊了,根据票据法的规定是不能以重新盖章的方法来补救的。此时,需要去出票单位重新开具支票,若不想重新开具支票,则收款单位可带转账支票及银行进账单到出票单位的开户银行去办理收款手续(不用付手续费),俗称"倒打"。

(2)增值税专用发票的填写

①单价、金额栏应填写不含税单价、金额。

②开具专用发票,必须在金额、税额合计(小写)前用"￥"符号封顶,在价税(大写)栏大写合计数前用一个"⊗"符号封顶。

③购销双方单位名称必须详细填写,不得简写。

④税率栏,按适用的税率填写。

(3)普通发票的填写

①票面所有项目要写全。

②付款单位要写全称。

③开票日期要写准确。

④货物名称或服务项目要写真实。

⑤规格、数量、单位、单价要写清楚。

⑥大小写金额要一致。

四、记账凭证实操规范

1.基本规范

(1)记账凭证各项内容必须完整。

（2）记账凭证应连续编号。

（3）书写应清楚,规范。

（4）摘要要简明、扼要地说明经济业务的内容。

2.其他相关规范

（1）记账凭证应附有必要的原始凭证。

（2）记账凭证可以根据每一张原始凭证填制,或根据若干张同类原始凭证汇总填制,也可以根据原始凭证汇总表填制,但不得将不同内容和类别的原始凭证汇总填制一张记账凭证。

（3）除结账、转账和更正错账可以不附原始凭证外,其余记账凭证必须附原始凭证。

（4）所附原始凭证张数的计算,一般以所附原始凭证自然张数为准。

（5）一张原始凭证如涉及几张记账凭证,可以把原始凭证附在一张主要的记账凭证后面,并在其他记账凭证上注明附有该原始凭证的编号或附上该原始凭证的复印件。

（6）一张原始凭证所列的支出需要由几个单位共同负担时,应当由保存该原始凭证的单位开具原始凭证分割单给其他应负担的单位。原始凭证分割单必须具备原始凭证的基本内容。

（7）填制记账凭证时若发生错误,应当重新填制。

发现已经登记入账的记账凭证存在错误应做如下处理:

①当年内发现填写错误:用红字填写一张与原内容相同的记账凭证,在摘要栏注明"注销某月某日某号凭证"字样,同时再用蓝字重新填制一张正确的记账凭证,注明"订正某月某日某号凭证"字样。

②会计科目没有错误,只是金额错误:如果错误的金额大于正确的金额,需要将正确数字与错误数字之间的差额,用红字另编一张调整的记账凭证,表明调减;如果错误的金额小于正确的金额,需要将正确数字与错误数字之间的差额,用蓝字另编一张调整的记账凭证,表明调增。

③发现以前年度记账凭证有错误:用蓝字填制一张更正的记账凭证。

（8）记账凭证的经济业务事项填制完成后如有空行,应当自金额栏最后一笔金额数字下的空行处至合计数上的空行处划线注销。

五、账簿实操规范

1.账簿设置

账簿设置应做到总分结合,序时与分类相结合,层次清楚,便于分工。

（1）总账一般采用订本式,格式为三栏式。

（2）明细账是根据单位经济管理的需要由企事业单位自主设置,格式一般分为三栏、数量金额和多栏。

（3）日记账主要有现金日记账、银行存款日记账和销售日记账,格式一般分为三栏和多栏。日记账与明细账的主要区别是有日小计。

2. 启用账簿的规则

(1)账簿封面应写明单位名称和账簿名称。

(2)账簿扉页上应附"经办人一览表"。

(3)应粘贴印花税票。粘贴印花税票的账簿,印花税票一律粘贴至扉页启用表的右上角,并在印花税票中间划两根出头的横线,以示注销。使用缴款书缴纳印花税的,在印花税票扉页启用表的左上角注明"印花税已缴"及缴款金额。缴款书作为记账凭证的原始凭证。

(4)订本式账簿,应从第一页到最后页按顺序编定页号,不得跳页、缺号。

3. 登记账簿的要求

本实验涉及日记账、总分类账、明细分类账三种账簿。启用时,应在账簿封面上写明使用单位(即实验企业)名称和账簿名称,并在扉页正面的"账簿启用及接交表"内写明启用日期、记账人员和复核人员姓名、会计主管姓名,并加盖有关人员的私章和使用单位公章(本实验略),在扉页的另一面写明该账簿所记账户目录。

(1)采用订本式的现金日记账和银行存款日记账,必须在启用时就编定页号;采用活页式的明细分类账和总分类账,应在登账前编制分页页号。编页时,不得跳页,不得缺号。

(2)每一种账簿第一页的页眉处应写明账簿名称和账户名称,第一行的摘要栏内应注明"上年结转"字样,将期初余额登入余额栏,标明余额方向。上年未结平的账户可省去这行内容,直接登账。

(3)登账时,应将会计凭证上的日期、编号、业务摘要、金额等内容逐项登入同一行的相应栏,做到及时、准确、清晰,并在记账凭证上注明过账符号"\/",以免重复登账。一般情况下,应用蓝黑墨水或碳素墨水笔书写,不得用圆珠笔和铅笔书写,所写文字和数字应紧靠行格底线,不得充满整行,不得跳行、跳页。如果发生跳行或跳页,应当在空行或空页上,划对角红线注销,或注明"此行作废""此页作废"字样,并由记账人员签字或盖章。

(4)账簿或数字划线更正时,必须保持原有字迹清晰可辨,划红线后,在其上方填写正确的文字或数字,并由记账人员在更正处盖章留印。

(5)每一账页登记完毕,应结出本页合计数及余额,写于本页最后一行和下页第一行有关栏内,并在摘要栏分别注明"转下页"和"承前页"的字样。其中本页最后一行的内容可以省略,用于登记经济业务,但下页第一行的内容不得省略。所谓"本页合计数",是指本月初起至本页末止的累计发生额。

(6)平时,除现金日记账和银行存款日记账需要逐日结出余额外,其他账户可根据需要结出余额。凡余额栏前有余额方向栏的,必须用"借""贷"或"平"等字样注明余额方向;无余额方向栏的,用蓝字或黑字表示正常余额,用红字表示反常余额。余额为零时,用"0"在余额栏内表示。

(7)月末,必须结出每个账户的期末余额。

第二章

实验目的、程序及要求

一、实验目的

本实验的目的是通过本次模拟实验,使学生能够做到理论联系实际,对会计及纳税实务中各种原始凭证和记账凭证的填写与编制、不同格式账簿的登记与结账等一系列会计基础工作,有一个系统的、全面的认识,将所学的会计基础知识转化为会计实务的基本操作能力,为学生进一步学习财务会计知识打下扎实的基础。

二、实验程序及实验内容(表 2-1)

表 2-1 实验程序及实验内容

序号	实验程序	实验内容
1	操作准备	熟悉企业概况—划分岗位—准备实训用具—熟悉账簿组织—熟悉期初建账资料—分工保管印章
2	建立账簿	启用账簿—期初资料过账—试算平衡
3	处理日常业务	分析业务内容—熟悉业务流程—填制原始凭证—传递单据—记账凭证填制与审核—过账
4	计算并结转成本	熟悉成本结转流程—编制成本计算单—填制结转成本记账凭证并审核—过账
5	结转利润及利润分配	结转利润前对账查账—填制结转利润记账凭证并审核—过账—填制利润分配计算表—填制结转利润分配记账凭证并审核—过账
6	期末对账与结账	登记总账—对账—月结—年结
7	编制报表	编制资产负债表、利润表、现金流量表、所有者权益变动表
8	编制纳税申报表	编制增值税、城市维护建设税、教育费附加、车船税、土地使用税等税费的纳税申报表
9	资料装订	账簿整理—凭证装订整理—归档—器具归还

三、实验组织

实验以学生为主,教师作为指导者和组织者,向学生布置任务、介绍相关资料和学习资源,同时进行必要的指导、解答问题、控制学习进度、监督学习情况并及时纠正错误。学生根据实验企业资料,按照教师的要求,寻找各种资源和信息,自主完成会计业务。学生分组、分角色(岗位)完成学习任务。

1. 小组学习

组成学习小组,在仿真的环境中,设置会计岗位,采用先进的技术,按实际会计业务操作流程,分工协作,处理会计业务。

2. 角色扮演

要合理划分会计工作岗位,使小组中的每个成员分别扮演不同的角色,从而实现小组集体任务的分解,通过分工协作,最终完成任务。

典型方案是安排每4名同学一组,分别担任4个不同的岗位,分别为会计主管、出纳员、制单员(主办会计)和记账员,组成一个模拟的公司财务部。

实验中,如果采用每组6～8人的分岗实验方式,可根据会计业务情况安排各个实验小组成员所扮演的角色。例如,每个实验小组8名学生,可分别扮演会计主管、出纳员、往来结算核算员、财产物资核算员、成本核算员、资金核算员、微机核算员、财务成果核算员。

3. 角色轮换

为了达到实验目的,完成教学目标,小组中的每一名同学必须依次扮演4个(典型方案)不同的角色,这样经过4次轮换,每一名同学完成全部实验内容。

四、实验要求

1. 岗位设置

按照精简高效、内部稽核、钱账分管、相互制衡的原则,实验公司财务部设置4个岗位,分别为会计主管、出纳员、制单员和记账员,各岗位人员通过分工协作,完成财务工作。假设该公司实现了会计电算化,各岗位具体职责如下:

(1)会计主管

①承担财务部的组织领导工作。

②负责会计软件的初始建账工作。

③负责各种原始凭证、记账凭证和会计报表审核工作。

④负责编制资产负债表、利润表、现金流量表、所有者权益变动表等会计报表。

⑤负责财务分析工作。

⑥负责空白票据及支票的管理,并保管一枚财务专用章。

(2)出纳员

①按规定办理货币资金收付手续,填写银行结算凭证。

②负责登记银行结算票据备查簿和有价证券的备查簿。

③负责保管库存现金、有价证券,并保管一枚法人代表专用章。

④负责编制工资发放表及工资汇总表。

⑤办理经常性投融资业务手续。

⑥负责编制各种税收申报表和养老保险申报表,并缴纳各种税费。

(3)制单员(主办会计)

①负责全部会计记录工作,编制记账凭证,并将记账凭证输入计算机系统。

②负责月末转账凭证(机制凭证)的生成工作。

③负责整理装订会计凭证。

(4)记账员(兼综合业务处理)

①负责财产物资的收发和增减计算。

②负责成本费用的计算。

③负责财产物资清查、往来账款管理等工作。

④负责财务成果核算。

⑤负责登记账簿。

⑥负责整理会计档案。

注:在实验的手工环境下,为均衡各岗位工作,可将登账工作进行分配,如会计主管登记总分类账,出纳员登记日记账,记账员登记明细分类账。

2. 工作流程及各岗位工作内容

手工环境下会计工作流程及各岗位工作内容见表2-2。

表2-2　　　　　手工环境下会计工作流程及各岗位工作内容

序号	工作流程	会计主管	出纳员	制单员	记账员
1	初始建账	建立总账	建立日记账		建立明细账
2	制单		填制货币资金结算凭证	填制记账凭证	
3	审核	审核凭证			填制其他原始凭证
4	记账	登记总账	登记日记账		登记明细账
5	对账、结账	结总账	结日记账		对账、结明细账
6	编制报表	编制财务报表			
7	纳税申报		编制纳税申报表		
8	资料装订			整理装订凭证	整理账簿资料

电算化环境下会计工作流程及各岗位工作内容见表2-3。

表2-3　　　　　电算化环境下会计工作流程及各岗位工作内容

序号	工作流程	会计主管	出纳员	制单员	记账员
1	初始建账	建立总账	建立日记账		
2	制单		填制货币资金结算凭证	填制记账凭证	
3	审核	审核凭证			填制其他原始凭证
4	记账		登记日记账		登记账簿
5	对账、结账		结日记账		对账、结账
6	编制报表	编制财务报表			
7	纳税申报		编制纳税申报表		
8	资料装订			整理装订凭证	整理账簿资料

3. 实验必备资料

(1)教材:1本。

(2)凭证:收款凭证15张,付款凭证40张,转账凭证80张。或通用记账凭证135张。

(3)账簿:总账1本,现金日记账2页,银行存款日记账4页,数量金额式明细账10页,材料采购横线登记式明细账2页,多栏式明细账10页,三栏式明细账10页。

(4)报表:资产负债表、利润表、利润分配表、纳税申报表各1份。

(5)凭证封皮:3套。

(6)档案袋:1个。

(7)其他:小刀1把,胶水1瓶,夹子3个,大头针1盒。

五、实验考核

实验采用"综合评分法",对学生学习情况进行考核。该方法采用百分制,包括过程考核和结果考核两部分,其中过程考核占60%,结果考核占40%。具体考核时,通过编制实验小组成绩表进行个人成绩的计算。实验小组成绩表见表2-4。

表 2-4 实验小组成绩表

姓名	过程考核(60%)			结果考核(40%)				得分
	小组考核(30%)	教师考核(30%)	小计	小组汇报(5%)	会计档案(30%)	实验报告(5%)	小计	

1. 过程考核

过程考核主要从考勤情况、工作态度、工作质量、工作效率、沟通协作等方面进行考核,注重实验小组的组织管理。考勤情况主要考核能否全面地、全过程地参加实验;工作态度主要考核实验态度的端正性、工作的主动性以及能否出色地完成规定的工作任务;工作质量主要考核实验过程的正确性、规范性以及能否通过专业知识所形成的职业判断,利用操作技能出色完成实验任务;工作效率主要考核实验任务完成的及时性;沟通协作主要考核能否与小组成员保持良好、互动的合作关系,是否具有良好的沟通表达能力,以及能否主动协助下一工序的人员作业。

具体考核时,对每个学习情境分别进行小组内成员互相考核和教师考核,按过程考核指标进行打分。首先由组长组织组内成员互相评价,然后再由教师进行评价,小组成员评价和教师评价各占30%。过程考核表见表2-5。

表 2-5 过程考核表

序号	学习过程	过程考核指标及标准分值					
		考勤情况 20%	工作态度 15%	工作质量 15%	工作效率 5%	沟通协作 5%	合计
1	会计工作组织认知						
2	期初建账						
3	日常经济业务核算						
4	期末会计事项处理						
5	财务报表编制与分析						
6	会计档案整理						
7	纳税申报表编制						

2. 结果考核

结果考核主要包括学生提交的会计档案资料、小组汇报及实验报告，分别占30%、5%和5%。

会计档案资料包括会计凭证、会计账簿和财务报告等内容。会计档案资料的评分参考标准：原始凭证填制和审核占8%；经济业务的账务处理、记账凭证填制和审核占12%；账簿登记、报表编制与分析占6%；会计档案整理、装订占4%。不提交会计档案的，实验成绩为不及格。

小组汇报实际上是各个实验小组对本小组实验情况及成果进行的总结、汇报和展示。小组汇报的内容主要包括小组实验的组织过程、工作任务和工作计划、工作程序和步骤、工作成果与收获、取得的经验与教训等。其中，组织过程包括实验项目、小组成员、岗位分工、小组管理制度、团队协作情况等内容。实验结束时，每个小组必须进行汇报，不进行小组汇报的，实验成绩为不及格。

实验报告包括实验项目描述、主要任务、业务流程、岗位职责，每天的实验记录，以及实验后的个人总结等。实验结束后，要求每名同学必须及时提交实验报告。

第三章

实验企业概况

一、企业基本情况

企业名称：乌鲁木齐市天山机械股份有限公司（简称：乌市天山机械厂）

企业地址：乌鲁木齐市北京中路 449 号

法定代表人：陈文中

注册资金：壹仟万元整（其中：乌市国资局出资 800 万元，塔河投资公司出资 200 万元）

经营范围：生产销售液压机、磨齿机、成型机等机械产品

企业代码：230136728

税务登记号：3341516528

联系电话：0991-7842000

企业类型：股份有限公司

开户银行：乌鲁木齐市农业银行北京路支行

银行账号：基本账户 991-38038-125

企业在职职工人数：150 人

二、企业组织机构

按照股份有限公司的规定，公司的权力机构为股东会。公司设立董事会对股东会负责，董事长为公司的法定代表人。公司设总经理对董事会负责。该公司的组织机构图如图 3-1 所示。

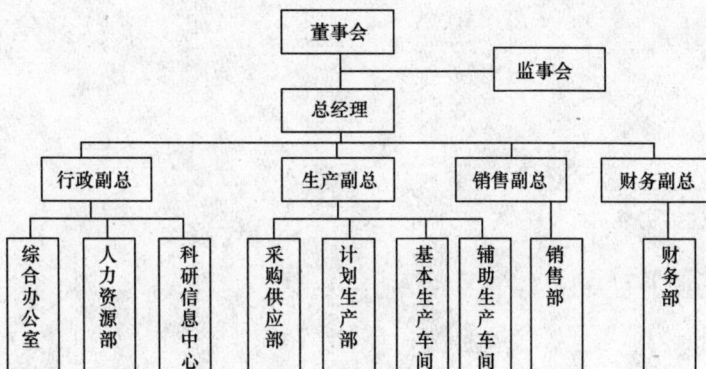

图 3-1　公司组织机构图

三、部门、职员档案及主要职责——参见建账说明

四、生产工艺流程

该公司的生产工艺流程如图 3-2 所示

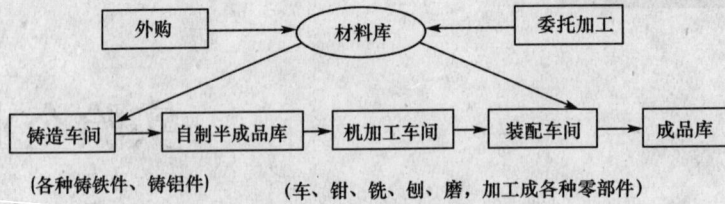

图 3-2　生产工艺流程图

第四章

实验企业财务管理制度及会计核算要求

一、账务处理程序

本实验可根据学生实际情况,设计企业选用记账凭证和科目汇总表账务处理程序中的一种进行实验。若采用科目汇总表则每10天编制一次,汇总后登记总账。记账凭证可选择使用收款凭证、付款凭证和转账凭证三种凭证,也可选择使用一种通用记账凭证,但手工与电算化实验所使用凭证必须一致(建议采用通用记账凭证)。图4-1为记账凭证账务处理程序,图4-2为科目汇总表账务处理程序。

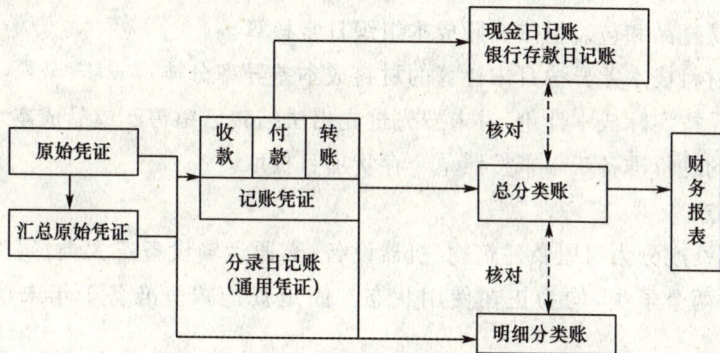

图 4-1　记账凭证账务处理程序

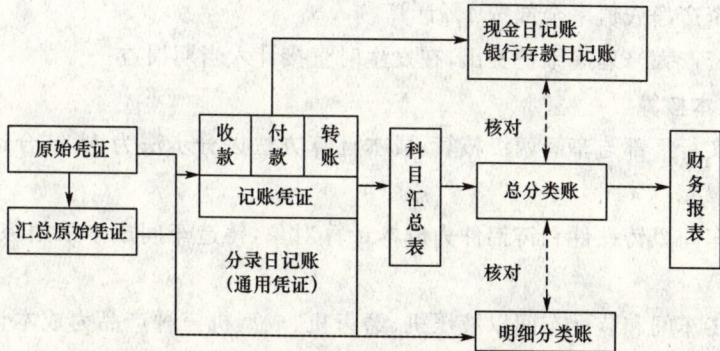

图 4-2　科目汇总表账务处理程序

二、部分会计政策

1. 库存现金

该公司库存现金的限额为 10 000 元。现金的使用范围按《现金管理暂行条例》的规定执行。

2. 坏账的处理

除应收账款外,其他的应收款项也应计提坏账准备。每年年末,按应收账款余额百分比法计提坏账准备,提取比例为应收账款期末余额的 1%。对于可能成为坏账的应收账款应当报告有关决策机构,由其进行审查,确定是否确认为坏账。

3. 存货核算

企业存货包括原材料、包装物、低值易耗品、产成品等。该公司存货核算的具体要求如下:

(1)该公司原材料按计划成本组织日常核算。材料成本差异的核算对原料及主要材料、辅助材料、外购半成品、修理用备件、燃料和周转材料六大类分别核算。材料成本差异率按全月加权平均法计算(不包括暂估材料款的计划成本)。收入材料的材料成本差异逐笔结转,发出材料全月一次汇总编制"发出材料凭证汇总表"。

(2)低值易耗品和包装物按实际成本组织日常核算。

(3)发出材料成本差异按月末计算的材料成本差异率分摊。

(4)产成品按实际成本计价,月末按先进先出法结转已销售产成品成本。

(5)存货的跌价准备于年末按照单个存货项目提取。

4. 固定资产

公司固定资产分为房屋及建筑物、机器设备、交通运输设备三大类,每类又分为生产用和非生产用两个子类,均为正在使用状态。固定资产减值准备于年末按照单项资产计提。

(1)固定资产折旧采用平均年限法。

(2)固定资产净残值率全部按 4% 计算。

(3)固定资产大修理等维护支出,在发生时直接计入当期损益。

5. 产品成本核算

(1)公司实行厂部与车间两级核算,成本计算方法以分步法为主,结合运用品种法和分批法。

(2)铸造车间以铸铁件和铸铝件为成本计算对象,铸造车间成本采用综合结转,不进行成本还原。

(3)机加工车间和装配车间以液压机、磨齿机、成型机三种产品为成本计算对象。机加工车间和装配车间成本采用平行结转,厂部财会部门平行汇总计算完工产品的生产成本。

(4)辅助生产车间单独核算制造费用,辅助生产费用按计划成本分配法进行分配。

(5)各项费用分配率精确到 0.0001。

6. 工资有关的各项费用计提基数与比例(表 4-1)

表 4-1 工资有关的各项费用计提基数与比例

项目	计提基数	计提比例	
		企业负担部分	个人负担部分
工会经费	本月工资总额	2%	
职工教育经费	本月工资总额	1.5%	
社会保险金	本月工资总额	32%	10.2%
住房公积金	本月工资总额	6%	6%

按国家有关规定,单位代扣代缴个人所得税。

月应纳税额 = 月应纳税所得额 × 适用税率 − 速算扣除数

月应纳税所得额 = 月工资、薪金所得 − 3 500 元

月工资、薪金所得 = 应付职工薪酬 − 住房公积金 − 社会保险金

7. 税金及附加的计提

该公司为增值税一般纳税人,增值税、企业所得税交国家税务局,其他税交地方税务局。

(1)增值税税率为 17%,按月缴纳。但注意,运费的增值税税率为 11%。

(2)城市维护建设税税率为 7%。

(3)教育费附加率为 3%。

(4)印花税在购买印花税票时,直接计入管理费用。

8. 利润分配

(1)企业所得税。企业所得税核算采用资产负债表债务法。除应收账款外,假设资产、负债的账面价值与其计税基础一致,未产生暂时性差异。企业所得税的计税依据为应纳税所得额,所得税税率为 25%。企业所得税按月预计,按季预交,全年汇算清缴。

(2)公司每月按税后利润的 10% 提取法定盈余公积金,按 5% 提取任意盈余公积金。年末根据当年应向投资者分配的利润,股东会决定按本年度利润的 80% 分配利润,按投资者出资比例分配,并于年终一次进行。

9. 其他

其他有关制度规定在经济业务中具体说明。

第五章

建账说明及期初资料

一、建账基本资料

企业名称:乌鲁木齐市天山机械股份有限公司(简称:乌市天山机械厂)

企业地址:乌鲁木齐市北京中路 449 号

法定代表人:陈文中

注册资金:壹仟万元整

经营范围:生产销售液压机、磨齿机、成型机等机械产品

企业代码:230136728

税务登记号:3341516528

联系电话:0991-7842000

企业类型:股份有限公司

开户银行:乌鲁木齐市农业银行北京路支行

银行账号:基本账户 991-38038-125

二、编码方案

科目编码方案:42222;客户分类编码方案:223;供应商分类编码方案:223;存货分类编码方案:122;结算方式编码方案:12;部门编码方案:122;收发类别编码方案:122;单价保留两位小数;数量与分配率均保留四位小数。

三、部门、职员档案及主要职责

1. 部门档案及主要职责(表 5-1)

表 5-1 部门档案及主要职责

编号	部门	部门属性	负责人	主要职责
1	总经办	管理	陈文中	企业行政管理、日常事务、企业策划、安全保卫、后勤服务等
2	财务部	管理	田新	组织全公司的财务核算和财务管理工作
3	人力资源部	管理	周军	企业人力资源管理工作,包括绩效考核与薪酬管理等
4	科研信息中心	管理	王平	新产品研制与开发及企业信息化工作
5	生产部	管理	苏红	企业生产组织与运作管理工作
6	生产车间	生产	郝苹	产品生产及维修

(续表)

编号	部门	部门属性	负责人	主要职责
601	铸造车间	生产	李军	负责各种铸造磨具
602	机加工车间	生产	张伟	负责加工各种零部件
603	装配车间	生产	张军	负责组装各种机床及相关产品
7	辅助生产车间	生产	李刚	维修及相关服务
701	机修车间	生产	李新明	负责设备及各种器具的维修工作
702	供汽车间	生产	王海	负责水、电、气的供应
8	供应部	管理	肖军	各种原材料的采购及合同的签订、审核
9	销售部	销售	李宝田	负责产品销售等工作

2. 职员档案(表 5-2)

表 5-2　　　　　　　　　　职员档案

编号	职员名单	所属部门	岗位属性
101	陈文中	总经办	总经理
102	周伟	总经办	行政副总
103	张红军	总经办	生产副总
104	田平平	总经办	营销副总
105	朱丹	总经办	主任
……	……		……
201	田新	财务部	财务副总
202	×××	财务部	财务主管
203	×××	财务部	会计
204	×××	财务部	会计
205	×××	财务部	出纳
……	……	……	……
301	周军	人力资源部	部长
302	吴邦	人力资源部	主任
……	……	……	
401	王平	科研信息中心	主任
……	……	……	
501	苏红	生产部	部长
……	……		

注:×××,可根据实验小组成员的实际姓名填写

四、财务人员及其权限(表 5-3)

财务人员以实验小组实际的人员为单元,每 4 名同学一组,具体分为 4 个岗位,分别

是会计主管、出纳员、制单员(主办会计)和记账员。权限可根据手工与电算化的特点结合实验要求自行设计。

表 5-3　　　　　　　　　　　财务人员及其权限

姓名	职务	主要权限
×××	会计主管	
×××	制单员	
×××	记账员	
×××	出纳员	

五、主要银行结算方式(表 5-4)

表 5-4　　　　　　　　　　　主要银行结算方式

编号	结算方式
1	现金结算
2	支票结算
201	现金支票
202	转账支票
3	商业汇票
301	银行承兑汇票
302	商业承兑汇票
4	银行汇票
5	托收承付
6	汇兑
7	其他

六、主要客户档案(表 5-5)

表 5-5　　　　　　　　　　　主要客户档案

编号	客户名称	税务登记号	开户行	账号
01	伊犁伊河机械厂	334151628	伊宁市农业银行	999-27046-049
02	新湖农机厂	6783683467	五家渠市农业银行	994-25643-567
03	新联机械厂	4521683467	乌鲁木齐市中山农业银行	991-10101-123
04	哈密机床经销公司	9932265742	哈密市农业银行	993-64738-812
05	美罗公司	866578920346	塔什干市中国银行	869-978567-086
06	哈密红星机械厂	9938576742	哈密市农业银行	993-65372-568
07	昌吉塑料厂	9948946835	昌吉市农业银行	994-35668-474
08	亚中机电公司	3321412038	乌鲁木齐市农业银行	

七、主要供应商档案（表 5-6）

表 5-6　　　　　　　　　　主要供应商档案

编号	供应商名称	税务登记号	开户行	账号
01	新疆天合钢厂	2856267543	乌鲁木齐市工商银行	991-34562-356
02	伊力钢铁公司	2602124385	伊宁市农业银行	999-48133-256
03	乌市自来水公司	5202168566	乌鲁木齐市文化路农业银行	991-28638-042
04	乌市供电局	52021412218	乌鲁木齐市北京路农业银行	991-78456-075
05	阜康炼焦厂	1010238363	阜康市解放路农业银行	994-63821-035

八、期初资料

1. 账户累计发生额及期初余额

2016 年 1—11 月账户累计发生额及 12 月期初余额见表 5-7,12 月初库存自制半成品、库存商品结存表见表 5-8、表 5-9,12 月初库存原材料结存数量及计划单价见表 5-10。

表 5-7　　　　　　2016 年 1—11 月账户累计发生额及 12 月期初余额

编码	科目名称	方向	单位	年初余额	1—11 月累计借方发生额	1—11 月累计贷方发生额	期初余额	辅助核算
1001	库存现金	借	元	3 243	126 578.94	127 468	2 353.94	日记账
1002	银行存款	借	元	503 323	2 853 600.7	3 056 800	300 123.7	
100201	乌市农业银行开发区支行	借	元	503 323	2 853 600.7	3 056 800	300 123.7	银行存款日记账
1009	其他货币资金	借	元	0	0	0	0	
1101	交易性金融资产	借	元	0	0	0	0	
110101	股票	借	元	0	0	0	0	
110110	其他	借	元	0	0	0	0	
1102	交易性金融资产跌价准备	贷	元					
1111	应收票据	借	元	63 850	113 980	147 830	30 000	
111101	哈密红星机械厂	借	元	40 600	63 980	84 580	20 000	
111102	昌吉塑料厂	借	元	23 250	50 000	63 250	10 000	
1121	应收股利	借	元	0	0	0	0	
1122	应收利息	借	元	0	0	0	0	
1131	应收账款	借	元	327 855.96	424 250	366 000	386 105.96	
113101	伊犁伊河机械厂	借	元	72 828	126 350	135 600	63 578	
113102	新湖农机厂	借	元	600	4 500	4 800	300	
113103	新联机械厂	借	元	167 795.96	263 400	215 600	215 595.96	
113104	哈密机床经销公司	借	元	0	0	0	0	
113105	美罗公司	借	元	86 632	30 000	10 000	106 632	

（续表）

编码	科目名称	方向	单位	年初余额	1—11月累计借方发生额	1—11月累计贷方发生额	期初余额	辅助核算
1133	其他应收款	借	元	300	0	0	300	
113301	备用金	借	元	300	0	0	300	
11330101	王博	借	元	300	0	0	300	
1141	坏账准备	贷	元	1 000	5 000	6 000	2 000	
1151	预付账款	借	元	455	29 200	25 800	3 855	
115101	待摊费用	借	元	455	29 200	25 800	3 855	
11510101	保险费	借	元	0	2 600	1 100	1 500	
11510102	报刊费	借	元	455	26 600	24 700	2 355	
1161	应收补贴款	借	元	0	0	0	0	
1201	材料采购	借	元	0	0	0	0	
120101	原料及主要材料	借	元	0	0	0	0	数量核算
12010101	生铁	借	吨	0	0	0	0	数量核算
12010102	铝锭	借	吨	0	0	0	0	数量核算
12010103	钢板	借	吨	0	0	0	0	数量核算
12010104	圆钢	借	吨	0	0	0	0	数量核算
12010105	碳结构钢	借	吨	0	0	0	0	数量核算
120102	辅助材料	借	元	0	0	0	0	
12010201	油漆	借	千克	0	0	0	0	数量核算
12010202	木材	借	立方米	0	0	0	0	数量核算
12010203	包装材料	借		0	0	0	0	
12010204	消耗材料	借		0	0	0	0	
120103	外购半成品	借		0	0	0	0	
12010301	电器元件	借		0	0	0	0	
12010302	标准件	借		0	0	0	0	
12010303	液压件	借		0	0	0	0	
120104	修理备用件	借		0	0	0	0	
120105	燃料	借		0	0	0	0	
12010501	煤炭	借	吨	0	0	0	0	数量核算
12010502	焦炭	借	吨	0	0	0	0	数量核算
12010503	柴油	借	千克	0	0	0	0	数量核算
1211	原材料	借	元	661 918	3 875 301	3 870 975	666 244	
121101	原料及主要材料	借	元	215 950	748 700	743 775	220 875	
12110101	生铁	借	元	16 250	13 750	16 500	13 500	数量核算
		借	吨	35	130	120	45	
12110102	铝锭	借	元	30 500	20 000	22 500	28 000	数量核算

（续表）

编码	科目名称	方向	单位	年初余额	1—11月累计借方发生额	1—11月累计贷方发生额	期初余额	辅助核算
		借	吨	2.3	21	20.5	2.8	
12110103	钢板	借	元	120 900	263 600	252 500	132 000	数量核算
		借	吨	46	162	164	44	
12110104	圆钢	借	元	29 300	325 350	324 275	30 375	数量核算
		借	吨	20.875	152	156	16.875	
12110105	碳结构钢	借	元	19 000	126 000	128 000	17 000	数量核算
		借	吨	15	120	125	10	
121102	辅助材料	借	元	8 631	89 451	89 100	8 982	
12110201	油漆	借	元	350	1 551	1 600	301	数量核算
		借	千克	255	2 640	2 680	215	
12110202	木材	借	元	3 150	36 600	36 500	3 250	数量核算
		借	立方米	4.5	68	66	6.5	
12110203	包装材料	借	元	3 000	35 500	34 900	3 600	
12110204	消耗材料	借	元	2 131	15 800	16 100	1 831	
121103	外购半成品	借	元	426 020	2 955 700	2 956 300	425 420	
12110301	电器元件	借	元	117 250	1 617 500	1 588 000	146 750	
12110302	标准件	借	元	139 930	1 198 200	1 218 300	119 830	
12110303	液压件	借	元	168 840	140 000	150 000	158 840	
121104	修理备用件	借	元	1 236	0	0	1 236	
121105	燃料	借	元	10 081	81 450	81 800	9 731	
12110501	煤炭	借	元	8 800	68 000	69 000	7 800	数量核算
		借	吨	120	1 260	1 250	130	
12110502	焦炭	借	元	1 025	10 600	10 000	1 625	数量核算
		借	吨	8.5	134	130	12.5	
12110503	柴油	借	元	256	2 850	2 800	306	数量核算
		借	千克	120	1 850	1 800	170	
1212	周转材料	借	元	3 352	45 650	44 400	4 602	
121201	低值易耗品	借	元	3 352	45 650	44 400	4 602	
12120101	工具	借	元	760	9 650	9 600	810	
12120102	管理用具	借	元	1 690	26 000	25 000	2 690	
12120103	劳保用品	借	元	902	10 000	9 800	1 102	
1221	包装物	借	元	0	0	0	0	

（续表）

编码	科目名称	方向	单位	年初余额	1—11月累计借方发生额	1—11月累计贷方发生额	期初余额	辅助核算
1231	低值易耗品	借	元	0	0	0	0	
1232	材料成本差异	借	元	1 543.34	79 526	102 118	−21 048.66	
123201	原料及主要材料	借	元	1 206.5	48 000	61 200	−11 993.5	
123202	辅助材料	借	元	20.18	480	590	−89.82	
123203	外购半成品	借	元	360	26 700	35 600	−8 540	
123204	修理备用件	借	元	14.36	126	128	12.36	
123205	燃料	借	元	−93.72	3 860	4 250	−483.72	
123206	周转材料	借	元	36.02	360	350	46.02	
1241	自制半成品	借	元	52 265	581 000	569 500	63 765	
124101	铸铁件	借	元	22 590	232 000	225 700	28 890	数量核算
		借	吨	20	270	260	30	
124102	铸铝件	借	元	29 675	349 000	343 800	34 875	数量核算
		借	吨	2	26.5	26	2.5	
1243	库存商品	借	元	940 000	5 516 000	5 279 000	1 177 000	
124301	液压机	借	元	605 000	3 268 000	3 125 000	748 000	数量核算
		借	台	9	127	125	11	
124302	磨齿机	借	元	335 000	2 248 000	2 154 000	429 000	数量核算
		借	台	12	135	134	13	
124303	成型机	借	元	0	0	0	0	数量核算
		借	台	0	0	0	0	
1244	商品进销差价	借	元	0	0	0	0	
1251	委托加工物资	借	元	0	0	0	0	
1261	委托代销商品	借	元	0	0	0	0	
1271	受托代销商品	借	元	0	0	0	0	
1281	存货跌价准备	贷	元	0	0	0	0	
1291	分期收款发出商品	借	元	0	0	0	0	
1401	长期股权投资	借	元	0	0	0	0	
140101	股票投资	借	元	0	0	0	0	
140102	其他股权投资	借	元	0	0	0	0	

（续表）

编码	科目名称	方向	单位	年初余额	1—11月累计借方发生额	1—11月累计贷方发生额	期初余额	辅助核算
1402	持有至到期投资	借	元	113 500	315 900	324 000	105 400	
140201	成本	借	元	110 000	146 000	156 000	100 000	
14020101	国库券	借	元	110 000	146 000	156 000	100 000	
140202	应计利息	借	元	3 500	169 900	168 000	5 400	
1421	长期股权投资减值准备	贷	元	0	0	0	0	
1501	固定资产	借	元	10 050 000	585 000	668 000	9 967 000	
150101	生产用	借	元	9 120 300	539 000	630 000	9 029 300	
150102	非生产用	借	元	687 500	46 000	38 000	695 500	
150103	未使用	借	元	90 000	0	0	90 000	
150105	不需用	借	元	152 200	0	0	152 200	
1502	累计折旧	贷	元	1 193 400	0	0	1 193 400	
1505	固定资产减值准备	贷	元	0	0	0	0	
1601	工程物资	借	元	0	0	0	0	
1603	在建工程	借	元	724 000	0	56 800	667 200	
160301	设备安装工程	借	元	724 000	0	56 800	667 200	
1605	在建工程减值准备	贷	元	0	0	0	0	
1701	固定资产清理	借	元	0	0	0	0	
1801	无形资产	借	元	110 000	12 800	2 800	120 000	
180101	成型机专利权	借	元	110 000	12 800	2 800	120 000	
1802	累计摊销	贷	元	20 000	10 000	20 000	30 000	
1805	无形资产减值准备	贷	元	0	0	0	0	
1815	未确认融资费用	借	元	0	0	0	0	
1901	长期待摊费用	借	元	0	0	0	0	
1911	待处理财产损溢	借	元	0	5 000	2 000	3 000	
191101	待处理流动资产损溢	借	元	0	0	0	0	
191102	待处理固定资产损溢	借	元	0	5 000	2 000	3 000	
2101	短期借款	贷	元	638 000	446 000	388 000	580 000	
210101	临时借款	贷	元	638 000	446 000	388 000	580 000	
2111	应付票据	贷	元	300 000	350 000	70 000	20 000	
211101	哈密机床经销公司	贷	元	300 000	350 000	70 000	20 000	
2121	应付账款	贷	元	410 109.3	275 269.3	308 000	442 840	

（续表）

编码	科目名称	方向	单位	年初余额	1—11月累计借方发生额	1—11月累计贷方发生额	期初余额	辅助核算
212102	新疆天合钢厂	贷	元	11 680	10 840	90 000	90 840	
212103	伊力钢铁公司	贷	元	398 429.3	264 429.3	218 000	352 000	
212104	乌市自来水公司	贷	元	0	0	0	0	
212105	乌市供电公司	贷	元	0	0	0	0	
2131	预收账款	贷	元	0	0	0	0	
2151	应付职工薪酬	贷	元	0	0	42 100	42 100	
215101	工资	贷	元	0	0	42 100	42 100	
215102	福利费	贷	元	0	0	0	0	
215104	社会保险	贷	元	0	0	0	0	
215105	工会经费	贷	元	0	0	0	0	
215106	教育经费	贷	元	0	0	0	0	
215107	住房公积金	贷	元	0	0	0	0	
2161	应付股利	贷	元	0	0	0	0	
216101	应付国家利润	贷	元	0	0	0	0	
216102	塔河投资公司	贷	元	0	0	0	0	
2162	应付利息	贷	元	20 800	0	0	20 800	
216201	短期借款利息	贷	元	20 800	0	0	20 800	
2171	应交税费	贷	元	22 000	700 000	732 000	54 000	
217101	应交增值税	贷	元	0	0	0	0	
21710101	进项税额	贷	元	0	0	0	0	
21710102	已交税金	贷	元	0	0	0	0	
21710103	转出未交	贷	元	0	0	0	0	
21710104	减免税款	贷	元	0	0	0	0	
21710105	销项税额	贷	元	0	0	0	0	
21710106	出口退税	贷	元	0	0	0	0	
21710107	进项税额转出	贷	元	0	0	0	0	
21710108	出口抵减内销产品应纳税额	贷	元	0	0	0	0	
21710109	转出多交	贷	元	0	0	0	0	
217102	未交增值税	贷	元	12 000	457 000	488 000	43 000	
217106	应交所得税	贷	元	10 000	243 000	244 000	11 000	
217108	应交城市维护建设税	贷	元	0	0	0	0	

（续表）

编码	科目名称	方向	单位	年初余额	1—11月累计借方发生额	1—11月累计贷方发生额	期初余额	辅助核算
217112	应交个人所得税	贷	元	0	0	0	0	
2181	其他应付款	贷	元	0	0	1 300	1 300	
218102	物业公司	贷	元	0	0	0	0	
218181	厂工会	贷	元	0	0	1 300	1 300	
2301	长期借款	贷	元	369 500	400 000	200 000	169 500	
230101	固定资产投资借款	贷	元	369 500	400 000	200 000	169 500	
230102	出口产品专项借款	贷	元	0	0	0	0	
2321	长期应付款	贷	元	715 200	915 000	815 000	615 200	
232101	乌市租赁公司	贷	元	715 200	915 000	815 000	615 200	
3101	实收资本（或股本）	贷	元	10 000 000	0	0	10 000 000	
310101	国家资本金	贷	元	8 000 000	0	0	8 000 000	
310102	法人资本金	贷	元	2 000 000	0	0	2 000 000	
31010201	塔河公司	贷	元	2 000 000	0	0	2 000 000	
3103	已归还投资	借	元	0	0	0	0	
3111	资本公积	贷	元	50 000	0	0	50 000	
311101	资本（或股本）溢价	贷	元	0	0	0	0	
311102	接受捐赠非现金资产准备	贷	元	0	0	0	0	
311107	其他资本公积	贷	元	50 000	0	0	50 000	
3121	盈余公积	贷	元	481 800	200 000	0	281 800	
312101	法定盈余公积	贷	元	403 000	150 000	0	253 000	
312102	任意盈余公积	贷	元	78 800	50 000	0	28 800	
3131	本年利润	贷	元	0	26 630 680	27 380 680	750 000	
3141	利润分配	贷	元	40 000	0	0	40 000	
314101	其他转入	贷	元	0	0	0	0	
314102	提取法定盈余公积	贷	元	0	0	0	0	
314103	提取法定公益金	贷	元	0	0	0	0	
314109	提取任意盈余公积	贷	元	0	0	0	0	
314110	应付普通股股利	贷	元	0	0	0	0	
314115	未分配利润	贷	元	40 000	0	0	40 000	
4101	基本生产成本	借	元	706 204	8 065 749.06	7 954 914	817 039.06	
410101	铸造车间	借	元	0	373 800	373 800	0	

（续表）

编码	科目名称	方向	单位	年初余额	1—11月累计借方发生额	1—11月累计贷方发生额	期初余额	辅助核算
41010101	铸铁件	借	元	0	373 800	373 800	0	
4101010101	直接材料	借	元	0	122 800	122 800	0	
4101010102	直接人工	借	元	0	116 000	116 000	0	
4101010103	制造费用	借	元	0	135 000	135 000	0	
41010102	铸铝件	借	元	0	0	0	0	
4101010201	直接材料	借	元	0	0	0	0	
4101010202	直接人工	借	元	0	0	0	0	
4101010203	制造费用	借	元	0	0	0	0	
410102	机加工车间	借	元	645 514	7 245 808.11	7 170 800	720 522.11	
41010201	液压机	借	元	498 500	3 531 520.2	3 681 400	348 620.2	
4101020101	直接材料	借	元	230 000	3 269 180.36	3 223 800	275 380.36	
4101020102	直接人工	借	元	22 000	235 361.04	225 000	32 361.04	
4101020103	制造费用	借	元	246 500	26 978.8	232 600	40 878.8	
41010202	磨齿机	借	元	29 350	2 255 666.76	2 058 600	226 416.76	
4101020201	直接材料	借	元	5 100	1 865 848.96	1 686 000	184 948.96	
4101020202	直接人工	借	元	10 250	167 500.2	159 600	18 150.2	
4101020203	制造费用	借	元	14 000	222 317.6	213 000	23 317.6	
41010203	成型机	借	元	117 664	1 458 621.15	1 430 800	145 485.15	
4101020301	直接材料	借	元	86 900	1 121 351.08	1 102 000	106 251.08	
4101020302	直接人工	借	元	11 174	154 600.39	148 300	17 474.39	
4101020303	制造费用	借	元	19 590	182 669.68	180 500	21 759.68	
410103	装配车间	借	元	60 690	446 140.95	410 314	96 516.95	
41010301	液压机	借	元	39 000	105 685.01	85 300	59 385.01	
4101030101	直接材料	借	元	39 000	105 685.01	85 300	59 385.01	
4101030102	直接人工	借	元	0	0	0	0	
4101030103	制造费用	借	元	0	0	0	0	
41010302	磨齿机	借	元	15 690	223 655.84	218 600	20 745.84	
4101030201	直接材料	借	元	15 690	223 655.84	218 600	20 745.84	
4101030202	直接人工	借	元	0	0	0	0	
4101030203	制造费用	借	元	0	0	0	0	
41010303	成型机	借	元	6 000	116 800.1	106 414	16 386.1	
4101030301	直接材料	借	元	6 000	116 800.1	106 414	16 386.1	

（续表）

编码	科目名称	方向	单位	年初余额	1—11月累计借方发生额	1—11月累计贷方发生额	期初余额	辅助核算
4101030302	直接人工	借	元	0	0	0	0	
4101030303	制造费用	借	元	0	0	0	0	
4102	辅助生产成本	借	元	0	0	0	0	
410201	机修车间	借	元	0	0	0	0	
410202	供汽车间	借	元	0	0	0	0	
4105	制造费用	借	元	0	0	0	0	
410501	铸造车间	借	元	0	0	0	0	
410502	机加工车间	借	元	0	0	0	0	
410503	装配车间	借	元	0	0	0	0	
410504	机修车间	借	元	0	0	0	0	
410505	供汽车间	借	元	0	0	0	0	
5101	主营业务收入	贷	元	0	4 811 500	4 811 500	0	
510101	液压机	贷	元		4 811 500	4 811 500		
510102	磨齿机	贷	元					
510103	成型机	贷	元					
5102	其他业务收入	贷	元	0	21 000	21 000	0	
5201	投资收益	贷	元	0	2 500	2 500	0	
5203	补贴收入	贷	元	0	0	0	0	
5301	营业外收入	贷	元	0	5 500	5 500	0	
5401	主营业务成本	借	元	0	3 057 000	3 057 000	0	
540101	液压机	借	元		3 057 000	3 057 000		
540102	磨齿机	借	元					
540103	成型机	借	元					
5402	税金及附加	借	元	0	55 800	55 800	0	
5405	其他业务成本	借	元	0	13 600	13 600	0	
5501	销售费用	借	元	0	70 100	70 100	0	
5502	管理费用	借	元	0	372 700	372 700	0	部门核算
550201	工资	借	元		202 700	202 700		
550202	办公费	借	元		100 000	100 000		
550203	其他	借	元		70 000	70 000		
5503	财务费用	借	元	0	202 500	202 500	0	
5506	资产减值损失	借	元	0	60 600	60 600	0	

（续表）

编码	科目名称	方向	单位	年初余额	1—11月累计借方发生额	1—11月累计贷方发生额	期初余额	辅助核算
5601	营业外支出	借	元	0	8 200	8 200	0	
5701	所得税费用	借	元	0	250 000	250 000	0	

注：1.美罗公司的外币金额为15 000美元，汇率为7.1088。

2.国库券为一次还本付息债券，公司准备到期一次收回本息，已购买一年半，期限为3年，年利率为3.6%，每月计算应计利息收入。

3.成型机专利权购买价为120 000元，分10年摊销，每月摊销一次。

4.长期借款169 500元，期限为3年，次年6月30日到期。

表5-8　　　　　　　　　　　12初库存自制半成品结存表

名称	计量单位	数量	实际单位成本（元）	金额（元）
铸铁件	吨	30	963	28 890.00
铸铝件	吨	2.5	13 950	34 875.00
合计				63 765.00

表5-9　　　　　　　　　　　　12初库存商品结存表

名称	计量单位	数量	实际单位成本（元）	金额（元）
液压机	台	11	68 000	748 000.00
磨齿机	台	13	33 000	429 000.00
成型机	台			
合计				1 177 000.00

表5-10　　　　　　　　　12月初库存原材料结存数量及计划单价

材料品种	数量	计划单价（元）	材料品种	数量	计划单价（元）
生铁	45 吨	300	油漆	215 千克	1.4
铝锭	2.9 吨	10 000	木材	6.5 立方米	500
钢板	44 吨	3 000	煤	130 吨	60
圆钢	16.875 吨	1 800	焦炭	12.5 吨	130
碳钢构件	10 吨	1 700	柴油	170 千克	1.8

注：1.12月初在产品成本项目余额见余额表。

2.会计电算化中的辅助核算可根据需要自行设置。

2.总账账户目录表（表5-11）

表5-11　　　　　　　　　　　　总账账户目录表

科目编码	科目名称	页次	科目编码	科目名称	页次
1001	库存现金	1	2121	应付账款	37
1002	银行存款	3	2151	应付职工薪酬	39

（续表）

科目编码	科目名称	页次	科目编码	科目名称	页次
1101	交易性金融资产	7	2161	应付股利	40
1111	应收票据	8	2162	应付利息	41
1131	应收账款	9	2171	应交税费	42
1133	其他应收款	11	2181	其他应付款	43
1141	坏账准备	12	2301	长期借款	44
1201	材料采购	13	2321	长期应付款	45
1211	原材料	15	3101	实收资本（或股本）	46
1212	周转材料	17	3111	资本公积	47
1232	材料成本差异	18	3121	盈余公积	48
1241	自制半成品	20	3131	本年利润	49
1243	库存商品	21	3141	利润分配	50
1281	存货跌价准备	22	4101	基本生产成本	51
1301	待摊费用	23	4102	辅助生产成本	54
1401	长期股权投资	24	4105	制造费用	55
1402	持有至到期投资	25	5101	主营业务收入	57
1501	固定资产	26	5201	投资收益	59
1502	累计折旧	27	5301	营业外收入	60
1505	固定资产减值准备	28	5401	主营业务成本	61
1603	在建工程	29	5402	税金及附加	63
1701	固定资产清理	30	5501	销售费用	64
1801	无形资产	31	5502	管理费用	65
1802	累计摊销	32	5503	财务费用	67
1901	长期待摊费用	33	5506	资产减值损失	68
1911	待处理财产损溢	34	5601	营业外支出	69
2101	短期借款	35	5701	所得税费用	70
2111	应付票据	36			

3. 日记账及明细账设置

（1）日记账：现金日记账、银行存款日记账

（2）三栏式明细账：

应收账款——伊犁伊河机械厂

应收账款——哈密机床经销公司

应付账款——乌市自来水公司

（3）数量金额式明细账：

原材料——生铁

原材料——圆钢

库存商品——装配车间（液压机）

（4）多栏明细账：

增值税；

基本生产成本——铸造车间（铸铁件）

基本生产成本——机加工车间（磨齿机）

注：手工实验明细账的科目也可根据实验工作量适当增加；电算化实验明细科目编码及辅助核算可根据相关要求自行合理设置。

第六章

实验企业 12 月经济业务内容

1. 12 月 1 日，冲销上月暂估材料款 30 000 元（从伊力钢铁公司购入钢板，上月末按 30 000 元暂估入账）。

2. 12 月 1 日，收回新联机械厂前欠货款 201 327 元。

3. 12 月 1 日，机加工车间李伟请领铸铁件 30 吨，用于液压机 14 吨、磨齿机 11 吨、成型机 5 吨。发料员王平实发 28 吨，液压机、磨齿机、成型机分别为 13 吨、10 吨、5 吨，填写领用单（采用先进先出法，下同）。

4. 12 月 2 日，领料。

5. 12 月 2 日，固定资产安装完毕交付使用。

6. 12 月 3 日，厂技术科王博预借备用金 500 元。

7. 12 月 3 日，领料。

8. 12 月 3 日，承付材料款，计算采购成本，补填材料入库单有关项目。

9. 12 月 4 日，报销咨询费 2 500 元。

10. 12 月 4 日，向自来水公司划付上月水费 47 912 元（含增值税）。

11. 12 月 5 日，机修车间修理需要使用圆钢，石林请领 0.103 吨，孙明实发 0.1 吨，全月限额 0.3 吨，填写限额领料单。

12. 12 月 5 日，行政科为各车间和厂部购买办公用品共 1 623.96 元。

13. 12 月 5 日，铸造车间铸件完工入库 21.2 吨，其中铸铁件 20 吨，铸铝件 1.2 吨。

14. 12 月 5 日，申请出口产品专项借款。（不做账务处理）

15. 12 月 5 日，缴纳上月增值税、所得税。

16. 12 月 5 日，收到承付货款 54 728 元。

17. 12 月 5 日，领料。

18. 12 月 6 日，铸件车间堆放工棚因火灾事故报废，将报废固定资产转入清理。

19. 12 月 6 日，向乌市电业局划付上月电费 53 848.08 元（含增值税）。

20. 12 月 7 日，向哈密机床经销公司销售液压机 2 台、磨齿机 2 台，并代垫运杂费。

21. 12 月 8 日，向新疆机械研究所购买专利技术，支付款项 78 240 元。

22. 12 月 8 日，领料。供汽车间领用燃煤 25 吨，补填 2 日领料登记表。

23. 12 月 9 日，机加工车间领用铸铝件。

24. 12 月 10 日，供应科刘玉江预借差旅费 800 元。

25. 12 月 10 日，支付机电展销会展位费 23 400 元。

26. 12 月 10 日,购入天山股份股票 10 000 股(交易所购入),每股买价 10 元,佣金及过户费 405 元,证券交易印花税 300 元,确认为交易性金融资产。

27. 12 月 11 日,提取现金 400 元。

28. 12 月 11 日,向亚中机电公司销售液压机一台,单价 100 000 元/台,收取转账支票一张。填写增值税专用发票和进账单。

29. 12 月 12 日,为厂部会议室购买空调一台,价格为 8 000 元。

30. 12 月 13 日,向甘肃铝厂承付购料款。

31. 12 月 14 日,支付因火灾报废的工棚清理费 2 500 元。

32. 12 月 14 日,收到保险公司赔款,结转工棚清理损益。

33. 12 月 14 日,产品入库,其中磨齿机、成型机各 2 台,经检验合格。(月末一次结转)

34. 12 月 15 日,向乌市电机厂购入电动机(电器元件类)一批,价值 11 021.40 元,以转账支票支付货款并验收入库。

35. 12 月 15 日,编制全厂工资结算汇总表。

36. 12 月 15 日,提取现金备发工资。

37. 发放本月工资和代发款项,结转各项代扣款项。

38. 12 月 15 日,向乌市计量局付仓库计量器具检测费。

39. 12 月 15 日,收到银行转来的托收凭证,为应付阜康炼焦厂的购焦炭款及相关运杂费。

40. 12 月 16 日,领料。

①铸造车间生产铸铁件领用生铁 15 吨(补填 3 日限额领料单),生产铸件领用焦炭 4 吨,煤 10 吨(补填 2 日、3 日领料登记表)。

②供汽车间生产领用煤 25 吨(补填 2 日领料登记表)。

41. 12 月 16 日,支付职工生活困难补助费。

42. 12 月 17 日,应收新湖农机厂磨齿机修理费 300 元,逾期 3 年无法收回,经批准同意核销。

43. 12 月 17 日,购入灭火器交管理部门使用。

44. 12 月 18 日,厂医务所购入药品。

45. 12 月 19 日,收到哈密机床经销公司承付前欠货款 364 007 元。

46. 12 月 19 日,领料。机修车间生产领用圆钢 0.1 吨,钢板 0.1 吨,碳结构钢 0.06 吨(补填 5 日限额领料单)。

47. 12 月 20 日,向乌市水资源管理办公室支付水资源管理费 1 500 元。

48. 12 月 20 日,计提本月固定资产折旧。

49. 12 月 20 日,向五一钢铁公司承付货款,购入的钢材验收入库,支付运杂费 3 828 元(不含增值税)。

50. 12 月 20 日,向甘肃铝厂购入的铝锭验收入库。

51. 12 月 21 日,向乌市电视台支付广告费 20 000 元。

52. 12 月 21 日,从阜康炼焦厂购入的焦炭验收入库,并划付货款。

53. 12 月 21 日,报销厂供应科刘玉江差旅费 780 元,余款 20 元以现金方式退回。

54. 12 月 22 日,领料。铸造车间生产铸铝件领用铝锭 1 吨(补填 3 日限额领料单),生产铸件领用焦炭 14 吨(补填 2 日领料登记表)。

55. 12 月 23 日,向疆北机械厂销售成型机 2 台,收到银行汇票一张,并办妥入账手续。

56. 12 月 23 日,支付乌鲁木齐市公证处公证费 380 元。

57. 12 月 24 日,购入复印纸(直接交复印室使用,属办公用品类)。

58. 12 月 25 日,领料。供汽车间生产领用煤 30 吨(补填 2 日领料登记表),机修车间修理领用圆钢 0.05 吨,钢板 0.1 吨,碳结构钢 0.07 吨(补填 5 日限额领料单),铸造车间领用生铁 13 吨(补填 3 日限额领料单)。

59. 12 月 25 日,支付离休职工张解放住院补助 2 000 元。

60. 12 月 26 日,收到出口专项借款 60 万元。

61. 12 月 26 日,支付第四季度短期银行借款利息 31 215.60 元,并补提本期利息 10 415.60 元。

62. 12 月 26 日,用现金购买办公用品装订机 4 个,每个 56.20 元,共计 224.80 元(不含增值税)。

63. 12 月 26 日,公司出售股票 8 000 股,每股成本 10 元,每股售价 14 元,其中支付交易环节佣金及过户费用 341 元,印花税 112 元。

64. 12 月 27 日,乌市天山机械厂根据联营投资协议书向新疆联合机械厂投资,该投资协议于本月初签订,联营投资期为 5 年,投资总额共计 30 万元。本次投资设备一台,原值为 10 万元,已提折旧 48 800 元,经评估确认其净值为 51 200 元,运输费用等杂费均由新疆联合机械厂承担。

65. 12 月 27 日,支付保险公司车辆交强险,金额为 3 200 元。

66. 12 月 27 日,支付经营租入办公楼装修费 66 600 元,根据公司财务制度,该项装修费用摊销期为 5 年。

67. 12 月 28 日,委托开户银行支付本月电话费 1 600 元。

68. 12 月 28 日,铸造车间完工企业产品的主要部件验收入库,其中铸铁件 22.85 吨,铸铝件 1.75 吨。

69. 12 月 29 日,向伊犁伊河机械厂销售磨齿机一台,商品售价总额为 63 180 元(含增值税),适用的增值税税率为 17%,开出增值税专用发票。已在开户银行办理有关托收业务,另用银行存款支付应由伊犁伊河机械厂承担的运费 2 000 元。

70. 12 月 31 日,将本月工资总额在各个车间进行分配。

71. 12 月 31 日,按应付工资总额计提当月社会保障费、住房公积金等有关费用。计提比例为社会保障费 32%,住房公积金 6%,工会经费 2%,教育经费 1.5%。(为简化核算,应由职工负担的部分不做代扣处理)

72. 12 月 31 日,计算材料成本差异率。

73. 12 月 31 日,分配铸造及机加工车间材料费用。(铸造车间按铸件重量比例分配,铸铁件 42.96 吨,铸铝件 2.85 吨,装配车间按各产品本期直接材料费用比例分配)

74. 12 月 31 日,分配装配车间材料费用。

75.12月31日,分配辅助生产车间材料费用。

76.12月31日,分配车间一般耗用及管理部门材料费用。

77.12月31日,分配外购水电费。

78.12月31日,摊销本月应承担的成型机专利权费用。

79.12月31日,计算摊销各生产车间、部门本月应承担的保险费及报刊订阅费。

80.12月31日,处置上月盘亏的车床1台。

81.12月31日,将辅助生产提供的劳务在各生产车间、部门按产品消耗与一般消耗进行分配。(为简化计算将成本差异部分计入管理费用)

82.12月31日,进行月末材料物资盘存,编制盘盈盘亏报告表并进行账务处理。(为简化计算,省略"进项税额转出"业务处理)

83.12月31日,计算原材料本期发生额及余额,编制原材料明细分类账本期发生额及余额明细表。

84.12月31日,分配基本生产车间制造费用。

85.12月31日,计算并结转铸造车间铸件成本。

86.12月31日,编制机加工车间成本计算表。

87.12月31日,编制装配车间成本计算表。

88.12月31日,结转本月完工产品成本并填写产品入库单。

89.12月31日,计算本期汇兑损益。(2016年12月31日,国家外汇牌价美元汇率为1:7.1288)

90.12月31日,计提本期坏账准备并编制坏账准备计提表。

91.12月31日,确认本期债券利息收入并编制债券利息收益计算表。

92.12月31日,结转本月已销产品成本并编制已销产品成本计算表。

93.12月31日,由于圆钢市场价格下跌,应计提存货跌价准备25 346.35元。

94.12月31日,因机加工车间车床长期闲置未使用及技术进步,企业决定计提固定资产减值准备10 000元。

95.12月31日,计提本月应交增值税。

96.12月31日,按本月应交增值税额的7%和3%分别计提本月应交城建税和教育附加税。

97.12月31日,计算本月应纳所得税并编制纳税申报表。(说明:为简化计算,利润中包含的国债投资收益不做扣除,资产减值损失也未做纳税调整,但按现行制度规定均应作为纳税调整事项)

98.12月31日,结转损益类账户。

99.12月31日,提取盈余公积金,法定盈余公积金和任意盈余公积金分别按税后利润的10%和5%提取。

100.12月31日,计算应付利润并编制可供分配利润计算表。

101.12月31日,结转本年利润和利润分配,并编制资产负债表、利润表及利润分配表。

102.12月31日,编制年末银行存款余额调节表。

第七章

12 月记录及证明经济业务发生的原始依据

(业务 1)无原始凭证

(业务 2)

委邮	**委托银行收款** 结算凭证(收账通知)			4	委托号码:第 2317156 号	
	委托日期 2016 年 11 月 18 日				付款期限 20 年 月 日	
					延期期限 20 年 月 日	

收款单位	全称	乌市天山机械厂	付款单位	全称	新联机械厂
	账号	991-38038-125		账号	991-10101-123
	开户银行	北京路办事处		开户银行	中山路办事处

委收金额	人民币(大写):贰拾万壹仟叁佰贰拾柒元整	千 百 十 万 千 百 十 元 角 分
		¥ 2 0 1 3 2 7 0 0

款项内容	货物运费	委托收款凭据名称	发票运单	附寄单证张数	2 张

备注:	收列款项: 1.已全部划回收入你方账户。 2.已收回部分款项收入你方账户。 3.全部未收到。 (收款单位开户行盖章) 11 月 29 日	科目 对方科目 转账 20 年 月 日 单位主管: 会计: 复核: 记账:

此联是收款单位开户银行在款项收妥后给收款单位的收账通知

付款单位开户行盖章　　收到日期:2016 年 11 月 23 日　　支付日期:2016 年 11 月 24 日

（业务 3）

铸件领用单

领用单位：　　　　　　　　年　月　日　　　　　　　　编号：161201

项目 产品名称	铸件名称 请领	铸铁料 实发	用途 单位成本	生产耗用 总成本	备注	②此联经签车间核算员留存
合 计						

主管：　　　　　审核：　　　　　领料：　　　　　发料：

（业务 4）

材料类别：燃料　　　　　　　　　　　　　　　　　　领料单位：供汽车间
材料编号：（略）　　　　　　　　　　　　　　　　　　发料库号：煤场
材料名称：煤　　　　　　　　　　　　　　　　　　　　计量单位：吨
用途：生产耗用　　　　　　　　　　　　　　　　　　计划限额：110 吨

领料登记表

2016 年 12 月

日期	领料数量		发料人	领料人	备注
	当月	累计			
2	20	20	范冰	李辉	
材料计划单价	60.00		金额合计		

材料类别：燃料　　　　　　　　　　　　　　　　　　领料单位：铸造车间
材料编号：（略）　　　　　　　　　　　　　　　　　　发料库号：煤场
材料名称：焦炭　　　　　　　　　　　　　　　　　　　计量单位：吨
用途：生产耗用　　　　　　　　　　　　　　　　　　计划限额：28 吨

领料登记表

2016 年 12 月

日期	领料数量		发料人	领料人	备注
	当月	累计			
2	8	8	张宏	陈军	
材料计划单价	130.00		金额合计		

(业务 5)

填报单位：乌市天山机械厂　　　　　　　　　　　　　　　　　　金额单位：元

已完工程验交单（3 记账联）

2016 年 12 月 2 日

工程名称	数控万能递齿机	建筑地点	机加工车间	合同文号	(2016) 86	工程编号	2016123	资金渠道	自筹
规格	YM4232 320mm	计量单位	台	建筑结构	栋数	开、竣工日期	2016 年 10 月 5 日开工 2016 年 12 月 1 日竣工		

设备价款

数控设备	万能递齿机	小计	安装费	安装调试费		小计
360 000.00	240 000.00	600 000.00	18 000.00	调试费	2 000.00	20 000.00

本年实际完成投资

设备	材料	人工费	机械使用费	其他直接费	施工管理费	合计	上年末累计支出数	累计实际成本	待摊投资
600 000	10 000	8 000	1 000	800	200	620 000			

交付项目				合计	交付使用财产总值
房屋及建筑物					
需要安装设备	600 000			620 000	620 000
不需要安装设备					
小计					

验交意见

施工单位：
安装合格，同意移交。
同意支付之。 经办人：多一帆
单位主管：朱镂克
2016.12.2

建设单位：
施工验收合格，同意支付使用。
同意支付使用。 经办人：何名
单位主管：朱镂克
2016.12.2

使用单位：
经试车合格。
同意接收使用。 经办人：陈晓
单位主管：陈佳
2016.12.2

技术处：
地工将合格，同意支付使用。 资产处：多亚阁
2016.12.2

（业务6）

借款凭证

2016 年 12 月 3 日   No.161201

借款单位:厂技术科		借款人:王 博	
借款金额(大写):伍佰元整			￥500.00 元
审批人(签章):		备注	
借款事由	购买检测工具		

复核: 记账:

第一联　付款凭证

（业务7）

领料单位:铸造车间
用途:生产铝铁件
计划产量:略

限额领料单

2016 年 12 月

编号:161201
材料单价:10 000
单位消耗定额:略

材料名称及规格	计量单位	全月领用限额		全月实额	
				数量	金额
铝锭	吨	3 吨			
领料日期	请领数	实发数	结余数	领料人	领料单位主管	发料人
3 日	2.5	2	1	李艺	张虎	王秀
合计						

供应部门负责人:肖 军   生产计划部门负责人:苏 红   仓库管理员:王 秀

领料单位:铸造车间

用途:熔浇铝铁件

计划产量:略

限额领料单

2016 年 12 月

编号:161202

材料单价:300

单位消耗定额:略

材料名称及规格	计量单位	全月领用限额	全月实额	
			数量	金额
生铁	吨	45 吨		
领料日期	请领数	实发数	结余数	领料人	领料单位主管	发料人
3 日	15	15	30	蒋义	林志	王秀
合计						

供应部门负责人:肖 军   生产计划部门负责人:苏 红   仓库管理员:王 秀

材料类别:燃料

材料编号:(略)

材料名称:煤

用途:生产耗用

领料登记表

2016 年 12 月

领料单位:铸造车间

发料库号:煤场

计量单位:吨

计划限额:22 吨

日期	领料数量		发料人	领料人	备注
	当月	累计			
3 日	10	10	刘洪	张芳	
材料计划单价	60.00		金额合计		

（业务8）

| 邮 | **托收承付** 结算凭证（付款通知） | | 5 | 委托号码：第0991233号 |

委托日期 2016 年 11 月 25 日

| 承付期限 | 年 月 日 |
| 到期 | 年 月 日 |

付款人	全称	伊力钢铁公司	收款人	全称	乌市天山机械厂
	账号	999-48133-256		账号	991-38038-125
	开户银行	伊宁市农行		开户银行	解放路办事处

金额（大写）	叁万肆仟肆佰陆拾陆元贰角伍分	千	百	十	万	千	百	十	元	角	分
				¥	3	4	4	6	6	2	5

附件	商品发运情况	合同名称号码
附寄单证张数或册数	3 张	已启运	

备注：	付款单位注意： 1.根据结算方式规定，上列托收款项，如在承付期限内未拒付，即视同全部同意付款，以此联代支款通知；如遇延付或部分支付，再由银行另送延付或部分支付的支款通知 2.如需提前付款或多付款，应另写书面通知送银行办理 3.如系全部或部分拒付，应在付款期限内另填拒付理由书送银行办理

单位主管：　　会计：　　复核：　　记账：　　付款单位开户银行盖章

供应单位：伊力钢铁公司
地址：伊宁市

材料验收入库单　　　No.161201

收料日期：2016 年 11 月 29 日

计划项目		合同编号			材料编号												

	名称及规格	数量	计量单位	单价	总价								运杂费				
					十	万	千	百	十	元	角	分	千	百	十	元	角	分
采购记录	钢板	10	吨														
			请款金额合计														
实收	10 吨		实际价格														
请款日期	11 月 9 日		计划价格	3 000													
本月结余量			存放地点		2 号库												

1.附提单：号
2.发票号码：号
3.委托加工：委申单号
4.提运期限：　年　月　日

检验结果	检验合格
备注	

主管：　　记账：　　保管：　　检验：　　采购员：

伊宁市增值税专用发票

此联不作报销、扣税凭证使用   No. 0991332

开票日期：2016 年 11 月 25 日

购货单位	名称：乌市天山机械厂 纳税人识别号：3341516528 地址、电话：乌市北京路 7842000 开户行及账号：市农行 991-38038-125					密码区		（略）
货物或应税劳务名称	规格型号	单位	数量	单价	金额	税率	税额	
钢板		吨	10	2 912.50	29 125.00	17%	4 951.25	
合计					¥29 125.00	17%	¥4 951.25	
价税合计（大写）	⊗叁万肆仟零柒拾陆元贰角伍分				（小写）		¥34 076.25	
销货单位	名称：伊力钢铁公司 纳税人识别号：2602124385 地址、电话：伊宁市 2138653 开户行及账号：市农行 999-48133-256						备注	

收款人：谭军   复核：   开票人：王月   销货单位（章）：

货物运输业增值税专用发票

此联不作报销、扣税凭证使用   No. 0991026

开票日期 2016 年 11 月 26 日

承运人及纳税人识别号	中铁联运公司 2223334448		密码区	（略）	
实际受票方及纳税人识别号	乌市天山机械厂 3341516528				
收货人及纳税人识别号	乌市天山机械厂 3341516528	发货人及纳税人识别号		伊力钢铁公司 2602124385	
起运地 经由 到达地		伊宁站 至 乌鲁木齐西站			
费用项目及金额	费用项目 金额 费用项目 金额 代垫运费 390.00	运输货物信息	钢板 10 吨		
金额合计	351.35	税率	11%	税额	38.65	机器编号	5891222
价税合计（大写）	人民币叁佰玖拾元整 （小写）			¥390.00	
车种车号		车船吨位	吨	备注	
主管税务机关及代码	伊宁市国家税务局				

收款人：方伟   复核人：陈伟   开票人：方平   承运人（章）：

（业务 9）

乌鲁木齐市行政事业性收费票据

缴费单位或个人姓名：乌市天山机械厂   2016 年 12 月 4 日   No.00863542

收费项目或名称	计量单位	数量	单价	金额								
				百	十	万	千	百	十	元	角	分
咨询费		5 人	500			￥	2	5	0	0	0	0
合计金额（大写）人民币：贰仟伍佰元整										￥ 2 500.00		

收费单位（印）：   收款人（章）：沙井村

第二联 收据

中国农业银行
转账支票存根

支票号码：0064523

签发日期：年 月 日

收款人：新疆职工大学培
训部

金 额：2 500.00

用 途：支付咨询费

中国农业银行乌鲁木齐市分行转账支票

支票号码：0064523

签发日期   年 月 日

开户行名称：

收款人   签发人账号

人民币（大写）		千	百	十	万	千	百	十	元	角	分

用途

上列款项请从   复核

我账户内支付   记账

签发人签章   验印

（业务 10）

乌鲁木齐市增值税专用发票

此联不作报销、扣税凭证使用　　　　No. 0991123

开票日期 2016 年 11 月 30 日

购货单位	名称：乌市天山机械厂 纳税人识别号：3341516528 地址、电话：乌市北京路 7842000 开户行及账号：市农行 991-38038-125						密码区	（略）
货物或应税劳务名称	规格型号	单位	数量	单价	金额	税率	税额
钢板		吨	16 960	2.5	42 400.00	13%	5 512.00
合计					￥42 400.00	13%	￥5 512.00
价税合计（大写）	⊗肆万柒仟玖佰壹拾贰元整 （小写）						￥47 912.00
销货单位	名称：乌鲁木齐市自来水公司 纳税人识别号：5202168566 地址、电话：文化路 2863842 开户行及账号：市农行 991-28638-042						备注	

收款人：张红　　复核：　　开票人：王苹　　销货单位（章）：

第三联 发票联 购货方记账联

委托银行收款　结算凭证（收账通知）

委邮　　　　委托日期 2016 年 11 月 30 日　　5　　第 002317157 号

委托号码：

付款期限 20　年　月　日

延期期限 20　年　月　日

收款单位	全称	乌鲁木齐市自来水公司	付款单位	全称	乌市天山机械厂
	账号	991-28638-042		账号	991-38038-125
	开户银行	文化路办事处		开户银行	北京路办事处

委收金额	人民币（大写）：肆万柒仟玖佰壹拾贰元整	千	百	十	万	千	百	十	元	角	分
				￥	4	7	9	1	2	0	0

款项内容	水费	委托收款凭据名称		附寄单证张数	1 张

备注：

付款单位注意：

1. 根据结算方式规定，上列委托收款，如在付款期限内未来拒付，即视同全部同意付款，以此联代支付通知

2. 如需提前付款或多付款，应另写书面通知送银行办理

3. 如系全部或部分拒付，应在付款期限内另填拒付理由书送银行办理

单位主管：　会计：　复核：　记账：　付款单位开户行盖章　　　12 月 4 日

（业务 11）

限额领料单

年　月

领料单位：　　　　　　　　　　　　　　　　　　　　编号：161203
用途：　　　　　　　　　　　　　　　　　　　　　　材料单价：
计划产量：略　　　　　　　　　　　　　　　　　　　单位消耗定额：略

材料名称及规格	计量单位	全月领用限额	全月实额	
			数量	金额
领料日期	请领数	实发数	结余数	领料人	领料单位主管	发料人
合计						

供应部门负责人：　　　　生产计划部门负责人：　　　　仓库管理员：

限额领料单

2016 年 12 月

领料单位：机修车间　　　　　　　　　　　　　　　　编号：161204
用途：修理使用　　　　　　　　　　　　　　　　　　材料单价：3 000
计划产量：略　　　　　　　　　　　　　　　　　　　单位消耗定额：略

材料名称及规格	计量单位	全月领用限额	全月实额	
			数量	金额
钢板	吨	0.4 吨		
领料日期	请领数	实发数	结余数	领料人	领料单位主管	发料人
4 日	0.105	0.1	0.3	许友良	张伟	孙明
合计						

供应部门负责人：肖军　　　　生产计划部门负责人：苏红　　　　仓库管理员：孙明

领料单位:机修车间　　　　　　　　**限额领料单**　　　　　　编号:161205
用途:修理使用　　　　　　　　　　　2016 年 12 月　　　　　　材料单价:1 700
计划产量:略　　　　　　　　　　　　　　　　　　　　　　　　单位消耗定额:略

材料名称及规格	计量单位	全月领用限额	全月实额	
			数量	金额
碳结构钢	吨	0.21 吨		
领料日期	请领数	实发数	结余数	领料人	领料单位主管	发料人
4 日	0.075	0.07	0.14	陈明	张伟	孙明
合计						

供应部门负责人:肖军　　　　生产计划部门负责人:苏红　　　　仓库管理员:孙明

(业务12)

中国农业银行
转账支票存根

中国农业银行乌鲁木齐市分行转账支票

支票号码:0064524　　　　　　　　　　　　　　支票号码:0064524

签发日期:　年　月　日　　　　　　签发日期　　　年　月　日
　　　　　　　　　　　　　　　　　开户行名称:
　　　　　　　　　　　　　　　　　收款人　　　　　　　签发人账号

人民币 (大写)		千	百	十	万	千	百	十	元	角	分

收款人:友好商场　　　　　　　用途
金　额:1 623.96　　　　　　　　上列款项请从　　　　复核
用　途:购买办公用品　　　　　　我账户内支付　　　　记账
　　　　　　　　　　　　　　　　签发人签章　　　　　　验印

乌鲁木齐市增值税专用发票

此联不作报销、扣税凭证使用　　　　　　　No. 0991936

开票日期 2016 年 12 月 5 日

| 购买方 | 名称:乌市天山机械厂
纳税人识别号:3341516528
地址、电话:乌市北京路 7842000
开户行及账号:市农行 991-38038-125 | | | | | | 密码区 | (略) |

货物或应税劳务名称	规格型号	单位	数量	单价	金额	税率	税额
计算器		个	10	125	1 250.00	17%	212.50
工作手册		本	50	0.8	40.00	17%	6.80
碳素墨水		瓶	80	0.6	48.00	17%	8.16
稿纸		本	100	0.5	50.00	17%	8.5
合计					¥1 388.00	17%	¥235.96

价税合计(大写)	⊗壹仟陆佰贰拾叁元玖角陆分　(小写)	¥1 623.96

| 销售方 | 名称:友好商场
纳税人识别号:222566688
地址、电话:文化路 4863646
开户行及账号:市工行 991-18638-146 | 税号:222566688
发票专用章 | 备注 |

收款人:顾军　　　复核:　　　开票人:王红　　　销售方(章):

办公用品领用表

2016 年 12 月 5 日

领用车间和部门	领发数量				金额
	计算器	工作手册	墨水	稿纸	
铸造车间	1	5	6	5	135.10
机加工车间	2	10	12	10	270.20
装配车间	1	5	6	5	135.10
机修车间	1	5	6	5	135.10
供汽车间	1	5	6	5	135.10
厂部	4	20	44	70	577.40
合计	10	50	80	100	1 388.00

审核:陈文忠　　　　　　　　　　　制表:

（业务 13）

铸件交库单

生产部门：　　　　　　　　年　月　日　　　　　　第 161201 号

工号	铸件名称	规格	单位	单价	数量	总价
备注				检验人：文静 入库人：张华		

第四联　送财会部门

会计：　　　　　复核：　　　　　记账：　　　　　制单：

（业务 14）

无凭证，不做账务处理。

（业务 15）

预算	款	
科目	项	

乌鲁木齐市税务局

增值税专用缴款书 ①

填发日期：2016 年 12 月 5 日　　　　乌增字第 2016885 号

收入机关		缴款单位	全称	
预算级次			账号	
收款国库			开户银行	

税款所属时期		经济性质		隶属关系	

	征税项目	课税数量	销售收入额	税率	入库税额							
					十	万	千	百	十	元	角	分
销项税额												

应扣进项税额	
应交增值税额	

征收机关	缴款单位	上列款项已收妥并划转收款单位账户。
盖章	盖章	国库（银行）盖章 年　　月　　日

填发人：　　　　税款限于　　年　　月　　日前向银行缴清,逾期加收滞纳金。

注：2016 年 11 月,该厂产品销售收入为 520 000 元,应扣进项税额 45 400 元。

预算	款	
科目	项	

乌鲁木齐市税务局
所得税缴款书

经济性质	
隶属关系	

①

乌税缴字第 2016036 号

收入机关		缴款单位（人）	全称		地址	
预算级次			账号			
收款国库			开户银行		税款所属时期	

类别名称	计税单位	数量	计税单价或单位税额	计税总值或所得额	税率	入库税款
所得税				44 000	25％	
合计					％	
按正税应纳税额征收 ％计						

总计人民币（大写）：

税务机关（盖章）	缴款单位（盖章）	上列款项已收妥并划转收款单位账户。国库（银行）盖章
填发日期　年　月　日	年　月　日	年　月　日

填发人：上项税款应于年　月　日前向银行缴清，逾期加收滞纳金。

（业务16）

邮

托收承付　结算凭证（收款通知）
委托日期 2016 年 11 月 16 日　　4

托收号码：第 0991234 号

承付期限 年 月 日
到期　年 月 日

收款单位	全称	乌市天山机械厂	付款单位	全称	伊河机械厂
	账号	991-38038-125		账号	999-27064-049
	开户银行	北京路办事处		开户银行	劳动街办事处

委收金额	人民币（大写）	伍万肆仟柒佰贰拾捌元整	千 百 十 万 千 百 十 元 角 分 ¥ 5 4 7 2 8 0 0

附件		商品发运情况	合同名称号码
附寄单证张数或册数	3	铁运运费 728.00 元	

科目
　　对方科目
转账　年　月　日
单位主管　　会计
出纳　复核　记账

上列款项已由付款人开户银行全额划回并收入你方账户。
　此致
　　收款人
（收款人开户银行盖章）

付款人开户行：　　收到日期：　年 月 日　　支付日期：　年 月 日

（业务 17）

用料单位：铸造车间　　　　　　　　　　**领料单**　　　　　　　　2016 年 12 月

产品或命令	件号	件数	要料日期	总号 20161201	
铸铁件			12 月 5 日	分号　　01	②此后联经车间材料员签存收由材料核算员留收
用途			制作铸件木模		
材料编号	材料名称规格	计量单位	数量	重量	计划单价	计划总价	
	请领						
	实发	木材	立方	3		500.00	1 500.00	
结存量	差异	价差	量差		原因		
存放地点	5 号库						
主要施工单位	主管	会计审核	核料	发料	收料	会计科目
	孙鑫	樊华	何亮	陈旭	王刚	

用料单位：机修车间　　　　　　　　　　**领料单**　　　　　　　　2016 年 12 月

产品或命令	件号	件数	要料日期	总号 20161202	
			12 月 5 日	分号　　02	②此后联经车间材料员签存收由材料核算员留收
用途			机修使用		
材料编号	材料名称规格	计量单位	数量	重量	计划单价	计划总价	
	请领						
	实发	修理用备件					168.10	
结存量	差异	价差	量差		原因		
存放地点	4 号库						
主要施工单位	主管	会计审核	核料	发料	收料	会计科目
	张伟	樊华	王晓芳	贾文豪	李群	

用料单位：供汽车间　　　　　　**领料单**　　　　　　　　2016 年 12 月

产品或命令	件号	件数	要料日期	总号 20161203		②
蓝汽			12 月 5 日	分号　03		此联由经车间材料员签收后材料核算材料员留存
用途			锅炉点火			
材料编号	材料名称规格	计量单位	数量	重量	计划单价	计划总价
	请领					
	实发	柴油	千克		10	1.8	18.00
结存量		差异	价差	量差	原因	
存放地点	5 号库					

主要施工单位	主管	会计审核	核料	发料	收料	会计科目
	石伟	樊华	肖军	贾文豪	韩晖	

（业务 18）

固定资产卡片　　　　　　　类别：房屋

名称	铸件堆放工棚	资产编号	16-10-401
型号(结构)	砖木石棉瓦	规格/米²	20×30
制(建)造厂	乌市建安公司	出厂时间	
使用单位	铸造车间	出厂编号	
资金来源	盈余公积	折旧年限	6 年
列账凭证	转字 20122368	启用年月	2012 年 12 月
附件或附属物		固定资产原价	120 000.00 元
		年折旧率	16%
调拨转移记录		预计净残值	率 4%，额 4 800.00 元
报废清理记录		备注	折旧方法：直线法
中间停用记录			

固定资产报废申请书

申报单位：乌市天山机械厂　　　　　　　　　　　厂固定资产编号：16-10-401

名称	铸件堆放工棚	出厂时间		出厂编号	
型号、规格	砖木石棉瓦	投产时间	2012.12	单位	平方米
制造厂	乌市建安公司	使用单位		铸造车间	
原值/元	120 000.00	净值/元		43 200.00	
已折旧/元	76 800.00	残值/元		4 800.00	

报废原因：

2016 年 12 月 4 日，铸件工棚线路超载短路，产生电弧高温，引起熔金的存汽油桶，发生火灾。

报告人：王鹏飞
2016 年 12 月 5 日

资产管理部门意见	同意报废 2016 年 12 月 6 日	厂部意见	同意报废 2016 年 12 月 6 日

（业务 19）

乌鲁木齐市增值税专用发票

此联不作报销、扣税凭证使用　　　　　　No. 0991946

开票日期 2016 年 12 月 6 日

购买方	名称：乌市天山机械厂 纳税人识别号：3341516528 地址、电话：乌市北京路 7842000 开户行及账号：市农行 991-38038-125				密码区	（略）
货物或应税劳务名称	规格型号	单位	数量	单价	金额	税率	税额

货物或应税劳务名称	规格型号	单位	数量	单价	金额	税率	税额
电费		度	92 048	0.5	46 024.00	17%	7 824.08
合计					￥46 024.00	17%	￥7 824.08
价税合计（大写）	⊗伍万叁仟捌佰肆拾捌元零捌分 （小写）						￥53 848.08
销售方	名称：乌市供电局 纳税人识别号：5202141218 地址、电话：北京路 3852636 开户行及账号：市农行 991-78456-075				税号：5202141218 发票专用章		备注

收款人：王平　　　复核：　　　开票人：张红　　　销售方（章）：

委邮		委托银行收款	结算凭证（支款通知）		5		付款期限 20　年　月　日
---		---	---		---		---
		委托日期 2016 年 12 月 6 日					延期期限 20　年　月　日

委托收号码：2016302

收款单位	全称	乌市供电局				付款单位	全称	乌市天山机械厂					
	账号	991-78456-075					账号	991-38038-125					
	开户银行	北京路办事处					开户银行	北京路办事处					

委收金额	人民币（大写）：伍万叁仟捌佰肆拾捌元零捌分	千	百	十	万	千	百	十	元	角	分
				¥	5	3	8	4	8	0	8

款项内容	电费	委托收款凭据名称		附寄单证张数	1 张

备注：	付款单位注意：
	1.根据结算方式规定，上列委托收款，如在付款期限内未来拒付，即视同全部同意付款，以此联代支款通知
	2.如需提前付款或多付款，应另写书面通知送银行办理
	3.如系全部或部分拒付，应在付款期限内另填拒付理由书送银行办理

付款人开户行：　　　收到日期：　年　月　日　　支付日期：　年　月　日

（业务 20）

邮		托收承付	结算凭证（回单）	1		托收号码：第 0274896 号
---		---	---	---		---
		委托日期 2016 年 12 月 6 日				承付期限　年　月　日
						到期　　年　月　日

收款单位	全称	乌市天山机械厂			付款单位	全称	哈密机床经销公司						
	账号	991-38038-125				账号	993-64738-812						
	开户银行	北京路办事处				开户银行	哈密市农行红星办事处						

委收金额	人民币（大写）	叁拾陆万肆仟零柒元整	千	百	十	万	千	百	十	元	角	分
				¥	3	6	4	0	0	7	0	0

附件		商品发运情况	合同名称号码
附寄单证张数或册数	3 张	铁运运费 3 647.00 元	天机 20161106

科目　　对方科目	上列款项已由付款人开户银行全额划回并收入你方账户。
转账　年　月　日	此致
单位主管　　会计	收款人
出纳　复核　记账	（收款人开户银行盖章）

付款人开户行：　　　收到日期：　年　月　日　支付日期：　年　月　日

乌鲁木齐市增值税专用发票

此联不作报销、扣税凭证使用　　　　No. 0991947

开票日期 2016 年 12 月 6 日

购买方	名称:哈密机床经销公司 纳税人识别号:9932265742 地址、电话:哈密市 6522265 开户行及账号:哈市农行 993-64738-812						密码区	(略)	
货物或应税劳务名称	规格型号	单位	数量	单价	金额	税率	税额		
液压机		台	2	100 000.00	200 000.00	17%	34 000.00		
磨齿机		台	2	54 000.00	108 000.00	17%	18 360.00		
合计					¥308 000.00	17%	¥52 360.00		
价税合计(大写)	⊗叁拾陆万零叁佰陆拾元整 (小写)						¥360 360.00		
销售方	名称:乌市天山机械厂 纳税人识别号:3341516528 地址、电话:乌市北京路 7842000 开户行及账号:市农行 991-38038-125					备注			

收款人:贾平　　复核:　　开票人:张琴　　销售方(章):

货物运输业增值税专用发票

此联不作报销、扣税凭证使用　　　　No. 0991026

开票日期 2016 年 12 月 6 日

承运人及纳税人识别号	中铁联运公司 2223334448		密码区	(略)	
实际受票方及纳税人识别号	哈密机床经销公司 9932265742				
收货人及纳税人识别号	哈密机床经销公司 9932265742	发货人及纳税人识别号		乌市天山机械厂 3341516528	
起运地 经由 到达地		乌鲁木齐西站 至 哈密站			
费用项目及金额	费用项目 金额 费用项目 金额 代垫运费 3 647.00	运输货物信息	液压机 贰件 磨齿机 贰件		
金额合计 3 285.59	税率 11%	税额 361.41	税器编码	5891222	
价税合计(大写) 叁仟陆佰肆拾柒元整 (小写)				¥3 647.00	
车种车号	车船吨位 吨	税:2223334448			
主管税务机关及代码	乌鲁木齐市国家税局	备注			

收款人:方伟　　复核人:陈伟　　开票人:方平　　承运人(章):

中国农业银行
转账支票存根

支票号码：0064525

签发日期：年 月 日

收款人：中铁联运公司
金　额：3 647.00
用　途：运费

中国农业银行乌鲁木齐市分行转账支票

支票号码：0064525

签发日期　　　　　　　　年　月　日
开户行名称：
收款人　　　　　　　　　签发人账号

人民币（大写）		千	百	十	万	千	百	十	元	角	分

用途
上列款项请从　　　　　　复核
我账户内支付　　　　　　记账
签发人签章　　　　　　　验印

(业务 21)

中国农业银行
转账支票存根

支票号码：0064526

签发日期：年 月 日

收款人：新疆机械研究所
金　额：78 240.00
用　途：购买专利权

中国农业银行乌鲁木齐市分行转账支票

支票号码：0064526

签发日期　　　　　　　　年　月　日
开户行名称：
收款人　　　　　　　　　签发人账号

人民币（大写）		千	百	十	万	千	百	十	元	角	分

用途
上列款项请从　　　　　　复核
我账户内支付　　　　　　记账
签发人签章　　　　　　　验印

乌鲁木齐市行政事业性收费票据

缴费单位或个人姓名：乌市天山机械厂　　　2016 年 12 月 8 日　　　No.0560520

收费项目或名称	计量单位	数量	单价	金额								
				百	十	万	千	百	十	元	角	分
数显自控平面磨床生产技术专利权	套	1	78 000.00	¥	7	8	0	0	0	0	0	0
数显自控平面磨床生产技术参数资料	套	1	240.00				¥	2	4	0	0	0

合计金额（大写）人民币：柒万捌仟贰佰肆拾元整　　　　　　　　　¥ 78 240.00

收费单位（印）：　　　　　收款人（章）：王永刚

第二联　收据

（业务 22）

领料单

用料单位：供汽车间　　　　　　　　　　　　　　　　2016 年 12 月

产品或命令	件号	件数	要料日期	总号 20161204 分号　04	
蒸汽			12 月 8 日		
用途			锅炉点火		

材料编号	材料名称规格		计量单位	数量	重量	计划单价	计划总价
	请领						
	实发	劈柴（木材）	m³		1	500.00	500.00
结存量		差异	价差	量差	原因		
存放地点	5 号库						

主要施工单位	主管	会计审核	核料	发料	收料	会计科目
	张伟	樊华	肖军	陈旭	韩晖	

② 此联由经材料车间核材料员留签存收

用料单位:铸造车间　　　　　　　　**领料单**　　　　　　　　2016 年 12 月

产品或命令	件号	件数	要料日期	总号 20161205		②
铸铝件			12 月 5 日	分号　05		此后联由经车间材料员签收 材料核算员留存
用途			制作铸件木模			
材料编号	材料名称规格	计量单位	数量	重量	计划单价	计划总价
	请领					
	实发	木材	m³	1	500.00	500.00
结存量		差异	价差	量差	原因	
存放地点	5 号库					
主要施工单位	主管	会计审核	核料	发料	收料	会计科目
	张伟	樊华	何亮	陈旭	王刚	

(业务 23)

铸 件 领 用 单

领用单位:机加工车间　　　　2016 年 12 月 9 日　　　　　　编号:161203

项目 / 产品名称	铸件名称		用途		生产用
	请领	实发	单位成本	总成本	备注
液压机	1.1 吨	1.1 吨			
磨齿机	0.9 吨	0.9 吨			
成型机	0.5 吨	0.5 吨			
合计	2.5 吨	2.5 吨			

主管:宋文玉　　　审核:蔡明　　　领料:张伟　　　发料:刘新华

（业务 24）

借款凭证

年 月 日   No. 161202

借款单位：	借款人：
借款金额（大写）：	
审批人（签章）：	备注：
借款事由：	

复核：   记账：

（业务 25）

中国农业银行
转账支票存根

支票号码：0064511

签发日期：年 月 日

收款人：新疆会展中心
金　额：
用　途：

中国农业银行乌鲁木齐市分行转账支票

支票号码：0064511

签发日期　　　　　年　月　日
开户行名称：
收款人　　　　　　　　　　签发人账号

人民币（大写）		千	百	十	万	千	百	十	元	角	分

用途
上列款项请从　　　　　　复核
我账户内支付　　　　　　记账
签发人签章　　　　　　　验印

乌鲁木齐市增值税专用发票

此联不作报销、扣税凭证使用

No. 0993926

开票日期 2016 年 12 月 10 日

购买方	名称：乌市天山机械厂 纳税人识别号：3341516528 地址、电话：乌市北京路 7842000 开户行及账号：市农行 991-38038-125					密码区	（略）
货物或应税劳务名称	规格型号	单位	数量	单价	金额	税率	税额
展位费合计		天	5	4 000.00	20 000.00	6%	3 400.00
合计					¥20 000.00	6%	¥3 400.00
价税合计（大写）	⊗贰万叁仟肆佰元整 （小写）						¥23 400.00
销售方	名称：新疆会展中心市 纳税人识别号：1010103055 地址、电话：乌市北京路 7842023 开户行及账号：北京路办事处 991-38038-128					备注	

收款人：胡平　　复核：　　开票人：张玲　　销售方（章）：

（业务 26）

成交过户交割凭单（买入）

12/10/2016

股东编号：	A129626400（存）	成交证券：	天山股份
电脑编号：	548167	成交数量：	10 000 股
公司代码：	000877	成交价格：	10.00
申请编号：	888	成交金额：	100 000.00
申报时间：	16:16:42	标准佣金：	400.00
成交时间：	16:17:10	过户费用：	5.00
上交余额：	（股）	印花税：	300.00
本次成交：	10 000	应付金额：	100 705.00
本次余额：	10 000	附加费用：	0.00
本次库存：	10 000	实付金额：	100 705.00

经办单位：（略）　　　　　　客户签章：杨新建

（业务27）

中国农业银行
转账支票存根

支票号码：0064527

签发日期：　年　月　日

收款人：
金　额：400.00
用　途：

中国农业银行乌鲁木齐市分行转账支票

支票号码：0064527

签发日期　　　　　年　月　日
开户行名称：
收款人　　　　　　　　　　签发人账号

人民币 （大写）		千	百	十	万	千	百	十	元	角	分

用途
上列款项请从　　　　　　复核
我账户内支付　　　　　　记账
签发人签章　　　　　　　验印

（业务28）

乌鲁木齐市增值税专用发票

此联不作报销、扣税凭证使用　　　No. 0991948

开票日期　年　月　日

购买方	名称： 纳税人识别号： 地址、电话： 开户行及账号：					密码区		（略）
货物或应税劳务名称	规格型号	单位	数量	单价	金额	税率	税额	
合计								
价税合计（大写）	⊗							
销售方	名称： 纳税人识别号： 地址、电话： 开户行及账号：					备注		

收款人：张红　　复核：　　开票人：王红　　销售方（章）：

第三联　发票联　购买方记账联

中国农业银行进账单(回单或收账通知) 1

No.078432

出票人	全称			收款人	全称										
	账号				账号										
	开户银行				开户银行										

人民币 (大写)		千	百	十	万	千	百	十	元	角	分

票据种类		收款人开户行签章
票据号码		

单位主管	会计	复核	记账

此联是收款人开户行交给收款人的回单或收账通知

（业务 29）

中国农业银行乌鲁木齐市分行转账支票

中国农业银行
转账支票存根

支票号码：0064528

支票号码：0064528

签发日期：　年　月　日

签发日期		年　月　日

开户行名称：

收款人：..............

金　额：..............

用　途：..............

收款人		签发人账号

人民币 (大写)		千	百	十	万	千	百	十	元	角	分

用途

上列款项请从　　　　　复核

我账户内支付　　　　　记账

签发人签章　　　　　验印

乌鲁木齐市增值税专用发票

此联不作报销、扣税凭证使用

No. 0993786

开票日期 2016 年 12 月 12 日

购买方	名称:乌市天山机械厂 纳税人识别号:3341516528 地址、电话:乌市北京路 7842000 开户行及账号:市农行 991-38038-125						密码区	(略)

货物或应税劳务名称	规格型号	单位	数量	单价	金额	税率	税额
格力空调		台	1	6 837.61	6 837.61	17%	1 162.39
合计		台	1	6 837.61	¥6 837.61	17%	¥1 162.39

价税合计(大写)	⊗捌仟元整 (小写)	¥8 000.00

销售方	名称:友好商场 纳税人识别号:222566688 地址、电话:文化路 4863646 开户行及账号:市工行 991-18638-146	税号:222566688 发票专用章	备注	转账支票

收款人:胡平　　复核:　　开票人:张玲　　销售方(章):

第三联 发票联 购买方记账联

(业务 30)

邮	**托收承付** 结算凭证(承付支款通知)	5	托收号码:第 8662056 号

委托日期 2016 年 12 月 13 日

承付期限 年 月 日
到期 年 月 日

收款单位	全称	甘肃铝厂	付款单位	全称	乌市天山机械厂
	账号	671-01234-530		账号	991-38038-125
	开户银行	兰州市农行胜利办事处		开户银行	北京路办事处

委收金额	人民币(大写)	壹拾贰万玖仟壹佰元整	千	百	十	万	千	百	十	元	角	分
				¥	1	2	9	1	0	0	0	0

附件		商品发运情况	合同名称号码

附寄单证张数或册数	2	已发运	

会计分录 ( ) 　对方科目( ) 会计　出纳　复核　记账	上列款项已根据收款单位委托从你账户付出。 (付款单位开户银行盖章)

付款人开户行:　　　收到日期:　年　月　日　　支付日期:　年　月　日

货物运输业增值税专用发票

此联不作报销、扣税凭证使用　　No. 0991326

开票日期 2016 年 12 月 13 日

承运人及纳税人识别号	西宁汽运公司 1010463058	密码区	（略）		第三联 发票联 购买方记账联
实际受票方及 纳税人识别号	乌市天山机械厂 3341516528				
收货人及纳税人识别号	乌市天山机械厂 3341516528	发货人及纳税人识别号	甘肃铝厂 3886024453		
起运地 经由 到达地		西宁市青海铝厂 至 乌市天山机械厂			
费用项目及金额	费用项目 金额　费用项目 金额 代垫运费 360.36	运输货物信息	铝锭　　10 吨		
金额合计	360.36	税率 11%	税额	39.64	机器编码 5891222
价税合计（大写）	肆佰元整 （小写）				￥400.00
车种车号		车船吨位	吨		税号1010463058 备
主管税务机关及代码	西宁市国税局				发票专用章

收款人：王伟　　复核人：陈军　　开票人：方建安　　承运人（章）

兰州市增值税专用发票

此联不作报销、扣税凭证使用　　No. 0997937

开票日期 2016 年 12 月 13 日

购买方	名称：乌市天山机械厂 纳税人识别号：3341516528 地址、电话：乌市北京路 7842000 开户行及账号：市农行 991-38038-125					密码区	（略）	第三联 发票联 购买方记账联
货物或应税劳务名称	规格型号	单位	数量	单价	金额	税率	税额	
铝锭		吨	10	11 000.00	110 000.00	17%	18 700.00	
合计					￥110 000.00	17%	￥18 700.00	
价税合计（大写）	⊗壹拾贰万捌仟柒佰元整 （小写）						￥128 700.00	
销售方	名称：甘肃铝厂 纳税人识别号：3886024453 地址、电话：兰州市 74132162 开户行及账号：市农行 671-01234-530				税号：3886024453 发票专用章		备注	

收款人：胡平　　复核：　　开票人：张玲　　销售方（章）：

（业务31）

中国农业银行
转账支票存根

支票号码：0064529

签发日期： 年 月 日

收款人：三宫村施工安装队
金　额：⋯⋯⋯⋯⋯
用　途：⋯⋯⋯⋯⋯

中国农业银行乌鲁木齐市分行转账支票

支票号码：0064529

签发日期		年 月 日
开户行名称：		
收款人		签发人账号

人民币（大写）		千	百	十	万	千	百	十	元	角	分

用途

上列款项请从　　　　　复核
我账户内支付　　　　　记账
签发人签章　　　　　　验印

（业务32）

中国农业银行进账单 (回单或收账通知)　No.078432

出票人	全称	乌市天山机械厂	收款人	全称	乌市保险公司
	账号	991-38038-125		账号	991-78756-128
	开户银行	北京路办事处		开户银行	人民路办事处

人民币（大写）	肆万叁仟伍佰肆拾元整	千	百	十	万	千	百	十	元	角	分
				¥	4	3	5	4	0	0	0

票据种类	转账支票	
票据号码	1张	收款人开户行签章
单位主管　会计　复核　记账		

此联是收款人开户行交给收款人的回单或收账通知

（业务 33）

产成品入库单

交库单位：　　　　　　　　　年　月　日　　　　　　　　　编号：161201

产品名称	型号规格	单位	交付数量	检验结果		实收数量	金额
				合格	不合格		

车间送库盖章：　　　　检验盖章：钱文斌　　　　仓库经收盖章：高红岩

（业务 34）

中国农业银行 转账支票存根 支票号码：0064530 签发日期：年　月　日 收款人： 金　额：．．．．．．．．．．．． 用　途：．．．．．．．．．．．．	**中国农业银行乌鲁木齐市分行转账支票** 支票号码：0064530 签发日期　　　　　年　月　日 开户行名称： 收款人　　　　　　　　　签发人账号

人民币 （大写）		千	百	十	万	千	百	十	元	角	分

用途

上列款项请从　　　　　　复核

我账户内支付　　　　　　记账

签发人签章　　　　　　　验印

乌鲁木齐市增值税专用发票

此联不作报销、扣税凭证使用　　　　　　　No. 09929364

开票日期 2016 年 12 月 15 日

购买方	名称：乌市天山机械厂 纳税人识别号：3341516528 地址、电话：乌市北京路 7842000 开户行及账号：市农行 991-38038-125						密码区	（略）
货物或应税劳务名称	规格型号	单位	数量	单价	金额	税率	税额
10 千瓦交流电机		台	5	1 140.00	5 700.00	17%	969.00
7.5 千瓦交流电机		台	2	840.00	1 680.00	17%	285.60
4 千瓦交流电机		台	4	510.00	2 040.00	17%	346.80
合计					9 420.00	17%	¥1 601.40
价税合计（大写）	⊗壹万壹仟零贰拾壹元肆角零分			（小写）　　¥11 021.40			
销售方	名称：乌鲁木齐市电机厂 纳税人识别号：5032116238 地址、电话：和平路 2872185 开户行及账号：市农行和办 991-53321-017						备注	

收款人：丛平　　　复核：　　　开票人：郭军　　　销售方（章）：

税号：5032116238
发票专用章

第三联　发票联　购买方记账联

材料验收入库单

供应单位：　　　　收料日期：　年　月　日　　　　No. 1612022

计划项目				合同编号			材料编号			
	名称及规格	数量	计量单位	单价	总价				运杂费	
					万 千 百 十 元 角 分				百 十 元 角 分	
			请款金额合计							
实收				实际价格						
请款日期 12.10	本月结余量		存放地点 3 号库	计划价格	1 160					

1. 附提单：号
2. 发票号码：号
3. 委托加工：委申单号
　　　　　出库单号
4. 提运限期：　年　月　日

检验结果

备注

主管：　　　记账：　　　保管：　　　检验：　　　采购员：

材料验收入库单

供应单位:乌鲁木齐市电机厂   收料日期:2016 年 12 月 15 日   No. 1612023

计划项目			合同编号			材料编号											
	名称及规格		数量	计量单位	单价	总价							运杂费				
						万	千	百	十	元	角	分	百	十	元	角	分
				请款金额合计													
实收					实际价格												
请款日期	12.10	本月结余量		存放地点	3 号库	计划价格	854											
1.附提单:号 2.发票号码:号 3.委托加工:委申单号 出库单号 4.提运限期: 年 月 日					检验结果												
					备注												

主管: 记账: 保管: 检验: 采购员:

材料验收入库单

供应单位:乌鲁木齐市电机厂   收料日期:2016 年 12 月 15 日   No. 1612024

计划项目			合同编号			材料编号											
	名称及规格		数量	计量单位	单价	总价							运杂费				
						万	千	百	十	元	角	分	百	十	元	角	分
	4 千瓦交流电机		4	台	510	¥	2	0	4	0	0	0					
				请款金额合计													
实收		4 台			实际价格	510	¥	2	0	4	0	0	0					
请款日期	12.10	本月结余量		存放地点	3 号库	计划价格	518	¥	2	0	7	2	0	0				
1.附提单:号 2.发票号码:号 3.委托加工:委申单号 出库单号 4.提运限期: 年 月 日					检验结果			检验全部合格										
					备注		电机系外购半成品电器元件类											

主管: 记账: 保管: 检验: 采购员:

（业务 35）

乌市天山机械厂工资结算汇总表

年　月　　　　　　　　　　　　　　　　　　　　　　　　　　　　　　　　单位:元

部门名称	人员类别	月基本工资	津贴和补贴			加班加点工资	应扣工资		应付工资	代扣款项				实发金额	部门工资核算员盖章
			经常性生产类	物价补贴	中夜班津贴		病假	事假		社保金10.2%	住房公积金6%	个人所得税	小计		
铸造车间	生产	6 725.73	2 602	1 680	340	525	231.13	175.6							
	管理	807.73	300	216	26	140	30	20							
机加工车间	生产	12 214.89	3 966	2 832	538	566	503.97	285							
	管理	1 595.26	406	360	40	62	49	29							
装配车间	生产	4 124.31	1 239	912	142	74	126.11	82							
	管理	519.63	139	120	18	13	14	9							
机修车间	生产	3 453.68	1 006	792	122	98	121	71							
	管理	200.84	53	48	20	9	7	4							
供汽车间	生产	2 761.91	829	648	128	22	43	57							
	管理	313.80	85	72	14	15	11	6							
工程人员		731.46	186	162	21	18	20	16							
企业管理人员		8 868.76	2 375	2 304	12	76	47	163							
合计									66 568.19						

合计主管:　　　　复核:　　　　制表:

年　月　日编制

（业务 36）

中国农业银行 转账支票存根 支票号码：0064531 签发日期：年 月 日 收款人：⋯⋯⋯⋯ 金　额：⋯⋯⋯⋯ 用　途：⋯⋯⋯⋯	**中国农业银行乌鲁木齐市分行转账支票** 　　　　　　　　　　　　　　　　　　支票号码：0064531 签发日期　　　　　　　　年 月 日 开户行名称： 收款人　　　　　　　签发人账号

（业务 37）本业务原始凭证见业务 35。

（业务 38）

乌鲁木齐市行政事业性收费票据

缴费单位或个人姓名：乌市天山机械厂　　2016 年 12 月 15 日　　No.00863565

收费项目或名称	计量单位	数量	单价	金额							
				百	十	万	千	百	十	元	角	分
检验仓库计量器具							¥	2	0	8	1	7

合计金额（大写）人民币：贰佰零捌元壹角柒分　　　　　¥ 208.17

收费单位（印）：　　　　　收款人（章）：李子奉

第二联 收据

中国农业银行乌鲁木齐市分行转账支票

中国农业银行
转账支票存根

支票号码:0064532

支票号码:0064532

签发日期		年 月 日
开户行名称:		
收款人		签发人账号

签发日期:年 月 日

人民币 (大写)		千百十万千百十元角分

收款人:⋯⋯⋯⋯⋯

金　额:⋯⋯⋯⋯⋯

用　途:⋯⋯⋯⋯⋯

用途

上列款项请从　　　　复核

我账户内支付　　　　记账

签发人签章　　　　验印

(业务 39)

托收承付 结算凭证(承付支款通知)　　　5　　托收号码:第 8662057 号

邮

委托日期 2016 年 12 月 15 日

承付期限 年 月 日
到期 2016 年 12 月 25 日

收款单位	全称	阜康炼焦厂	付款单位	全称	乌市天山机械厂
	账号	994-63821-035		账号	991-38038-125
	开户银行	解放路办事处		开户银行	北京路办事处

委收金额	人民币 (大写)	壹万壹仟伍佰伍拾陆元伍角整	千	百	十	万	千	百	十	元	角	分
					¥	1	1	5	5	6	5	0

附件		商品发运情况	合同名称号码
附寄单证 张数或册数	3	已发运	14016

备注: 　验货付款	付款单位注意: 1.根据结算方式规定,上列委托收款,如在付款期限内 未来拒付,即视同全部同意付款,以此联代支款通知 2.如需提前付款或多付款,应另写书面通知送银行办理 3.如系全部或部分拒付,应在付款期限内另填拒付理由 书送银行办理

单位主管:　会计:　复核:　记账:　付款单位开户行盖章　12 月 15 日

货物运输业增值税专用发票

此联不作报销、扣税凭证使用   No. 0991026

开票日期 2016 年 12 月 15 日

承运人及纳税人识别号	中铁联运公司 2223334448	密码区	（略）		
实际受票方及纳税人识别号	乌市天山机械厂 3341516528				
收货人及纳税人识别号	乌市天山机械厂 3341516528	发货人及纳税人识别号			阜康炼焦厂 1010238363
起运地 经由 到达地		乌鲁木齐西站 至 哈密站			
费用项目及金额	费用项目 金额 费用项目 金额 代垫运费 450.45	运输货物信息	钢板 70 吨		
金额合计 450.45	税率 11%	税额 49.55	机器编码		5891222
价税合计（大写）	伍佰元整 （小写）	税号:2223334448			¥500.00
车种车号		车船吨位 吨			
主管税务机关及代码	阜康市国税局	备注 发票专用章			

第三联 发票联 购买方记账联

阜康市增值税专用发票

此联不作报销、扣税凭证使用   No. 0991123

开票日期 2016 年 12 月 15 日

购买方	名称:乌市天山机械厂 纳税人识别号:3341516528 地址、电话:乌市北京路 7842000 开户行及账号:市农行 991-38038-125				密码区	（略）	
货物或应税劳务名称	规格型号	单位	数量	单价	金额	税率	税额
焦炭		吨	70	135.00	9 450.00	17%	1 606.50
合计					¥9 450.00	17%	¥1 606.50
价税合计（大写）	⊗壹万壹仟零伍拾陆元伍角整 （小写）					¥11 056.50	
销售方	名称:阜康炼焦厂 纳税人识别号:1010238363 地址、电话:天池路 4818524 开户行及账号:阜康农行 994-63821-035			税号:1010238363 备注 发票专用章			

收款人:孙建军   复核: 开票人:孙琴   销售方(章):

第三联 发票联 购买方记账联

（业务40）

用料单位：装配车间　　　　　　　　**领料单**　　　　　　　　2016年12月

产品或命令	件号	件数	要料日期	总号 20161206		②
			12月16日	分号　06		此联由经车间材料员签存收后材料核算员留存收
用途	*包装产品*					
材料编号	材料名称规格	计量单位	数量	重量	计划单价	计划总价
	请领					
	实发	*包装材料*				*1 750.00*
结存量		差异	价差	量差	原因	
存放地点	*4号库*					
主要施工单位	主管	会计审核	核料	发料	收料	会计科目
	孙鑫	*英华*	*何亮*	*机文豪*	*王刚*	

（业务41）

生活困难补助发放表

年　　　月　　　日

姓名	补助金额	请款人签章	备注
张新华	300.00		
李远航	200.00		
合计	500.00		

审批人：　　　　　复核人：　　　　　制表人：

（业务42）

> 应收新湖农机厂磨齿机修理费300元，逾期三年无法收回，经批准同意核销。
>
> 经办人：　　　审批人：　　　会计主管：

（业务 43）

乌鲁木齐市增值税普通发票

此联不作报销、扣税凭证使用　　　　　No. 0991216

开票日期 2016 年 12 月 17 日

<table>
<tr><td rowspan="4">购
买
方</td><td colspan="6">名称:乌市天山机械厂</td><td rowspan="4">密
码
区</td><td rowspan="4">（略）</td><td rowspan="9">第三联 发票联 购买方记账联</td></tr>
<tr><td colspan="6">纳税人识别号:3341516528</td></tr>
<tr><td colspan="6">地址、电话:乌市北京路 7842000</td></tr>
<tr><td colspan="6">开户行及账号:市农行 991-38038-125</td></tr>
<tr><td>货物或应税劳务名称</td><td>规格型号</td><td>单位</td><td>数量</td><td>单价</td><td>金额</td><td>税率</td><td>税额</td></tr>
<tr><td>灭火器</td><td></td><td>个</td><td>5</td><td>240.00</td><td>1 200.00</td><td>17%</td><td>204.00</td></tr>
<tr><td>合计</td><td></td><td></td><td></td><td></td><td>¥1 200.00</td><td>17%</td><td>¥204.00</td></tr>
<tr><td>价税合计(大写)</td><td colspan="5">⊗壹仟肆佰零肆元整　　(小写)</td><td colspan="2">¥1 404.00</td></tr>
<tr><td rowspan="4">销
售
方</td><td colspan="5">名称:乌鲁木齐市消防器材商店</td><td colspan="2" rowspan="4">备注</td></tr>
<tr><td colspan="5">纳税人识别号:5032118651</td></tr>
<tr><td colspan="5">地址、电话:天池路 4818524</td></tr>
<tr><td colspan="5">开户行及账号:北京路办事处</td></tr>
</table>

收款人:张平　　　复核:　　　　开票人:张伟　　　销售方(章):

中国农业银行
转账支票存根

支票号码：0064533

签发日期：　年　月　日

收款人：**乌鲁木齐市消防
器材商店**

金　额：……………………

用　途：……………………

中国农业银行乌鲁木齐市分行转账支票

支票号码:0064533

签发日期　　　　　　　　年　月　日

开户行名称:

收款人　　　　　　　　签发人账号

<table>
<tr><td rowspan="2">人民币
(大写)</td><td rowspan="2"></td><td>千</td><td>百</td><td>十</td><td>万</td><td>千</td><td>百</td><td>十</td><td>元</td><td>角</td><td>分</td></tr>
<tr><td></td><td></td><td></td><td></td><td></td><td></td><td></td><td></td><td></td><td></td></tr>
</table>

用途

上列款项请从　　　　　　复核

我账户内支付　　　　　　记账

签发人签章　　　　　　　验印

（业务 44）

乌鲁木齐市增值税专用发票

此联不作报销、扣税凭证使用　　　　　　　No. 099912

开票日期 2016 年 12 月 18 日

购买方	名称：乌市天山机械厂 纳税人识别号：3341516528 地址、电话：乌市北京路 7842000 开户行及账号：市农行 991-38038-125						密码区	（略）
货物或应税劳务名称	规格型号	单位	数量	单价	金额	税率	税额
克感敏		瓶	10	20.00	200.00	17％	34.00
板蓝根		箱	20	150.00	3 000.00	17％	516.00
合计					¥3 200.00		¥550.00
价税合计（大写）		⊗叁仟柒佰伍拾元整　　（小写）					¥3 750.00
销售方	名称：乌鲁木齐市医药公司 纳税人识别号：5032118866 地址、电话：北京路办事处 3824635 开户行及账号：市农行						备注

收款人：张平　　　复核：　　　开票人：王丽　　　销售方（章）：

第三联　发票联　购买方记账联

中国农业银行
转账支票存根

支票号码：0064534

签发日期：　年　月　日

收款人：
金　额：...............
用　途：...............

中国农业银行乌鲁木齐市分行转账支票

支票号码：0064534

签发日期　　　　　　　年　月　日

开户行名称：

收款人　　　　　　　　　　签发人账号

人民币 （大写）		千	百	十	万	千	百	十	元	角	分

用途

上列款项请从　　　　　　　复核

我账户内支付　　　　　　　记账

签发人签章　　　　　　　　验印

（业务45）

中国农业银行进账单 （回单或收账通知）1

No078438

出票人	全称			收款人	全称									
	账号				账号									
	开户银行				开户银行									
人民币（大写）						千	百	十	万	千	百	十	元	角	分
票据种类		托收承付												
票据号码				收款人开户行签章										
单位主管	会计	复核	记账											

此联是收款人开户行交给收款人的回单或收账通知

（业务46）

用料单位：装配车间

领料单

2016 年 12 月

产品或命令		件号	件数	要料日期	总号 20161208			
				12 月 19 日	分号　08			
用途		油漆产品						
材料编号	材料名称规格		计量单位	数量	重量	计划单价	计划总价	
	请领							
	实发	油漆	千克			200	1.4	280
结存量		差异	价差	量差		原因		
存放地点	4 号库							
主要施工单位		主管	会计审核	核料	发料	收料	会计科目	
		孙鑫	樊华	何亮	贾艳	王刚		

②此后联由经材车料间核材算员料留员签存收

用料单位:机修车间　　　　　　**领料单**　　　　　　2016 年 12 月

产品或命令	件号	件数	要料日期	总号 20161209		②
			12 月 19 日	分号　09		此后联由经材车料间核材算料员员留签存收
用途	生产耗用					

材料编号	材料名称规格	计量单位	数量	重量	计划单价	计划总价
	请领					
	实发 修理用备件					219.00
结存量		差异	价差	量差	原因	
存放地点 4 号库						

主要施工单位	主管	会计审核	核料	发料	收料	会计科目
	张伟	樊华	王晓芳	贾文豪	李辉	

(业务 47)

委邮　　**委托银行收款**　结算凭证(支款通知)　　5　　托收号码:第 8662060 号

委托日期 2016 年 12 月 20 日

		付款期限　　年　月　日
		延期期限 20　年　月　日

收款单位	全称	乌市水资源管理办公室	付款单位	全称	乌市天山机械厂
	账号	991-20625-016		账号	991-38038-125
	开户银行	黄河路办事处		开户银行	北京路办事处

委收金额	人民币(大写):壹仟伍佰元整	千	百	十	万	千	百	十	元	角	分
						¥	1	5	0	0	0	0

款项内容	水资源管理费	委托收款凭据名称	收据	附寄单证张数	1 张

备注:	付款单位注意: 1.根据结算方式规定,上列委托收款,如在付款期限内未来拒付,即视同全部同意付款,以此联代支款通知。 2.如需提前付款或多付款,应另写书面通知送银行办理。 3.如系全部或部分拒付,应在付款期限内另填拒付理由书送银行办理

单位主管:　会计:　复核:　记账:　付款单位开户行盖章　12 月 20 日

乌鲁木齐市行政事业性收费票据

缴费单位:乌市天山机械厂　　　　2016 年 12 月 20 日　　　　No.0560283

收费项目或名称	计量单位	数量	单价	金额								
				百	十	万	千	百	十	元	角	分
水资源管理费						¥	1	5	0	0	0	0

第二联　收据

合计金额(大写)人民币:壹仟伍佰元整　　　　　　　　　　　　　¥1 500.00

收费单位(印):　　　　　　　　　　　　　　　收款人(章):孙文武

(业务 48)

固定资产折旧计算表

　　　　　　　　　　　年　　　月　　　　　　　　　　单位: 元

使用单位和固定资产类别		上月已提折旧额	上月增加的固定资产应计提的折旧额	上月减少的固定资产应计提的折旧额	本月应计提的折旧额
铸造车间	厂房	1 502.32	160.00		
	机器设备	3 939.28	1 000.00	640.00	
	小计	5 441.60	1 160.00	640.00	
机加工车间		12 155.93	1 000.00		
装配车间		2 781.52			
机修车间		2 034.11			
供汽车间		1 622.77			
厂部管理部门		5 550.38			
合计		29 586.31			

主管:　　　　　　审核:　　　　　　制表:

注:除铸造车间和机加工车间外,其余车间或部门固定资产均无变化。

（业务49）

| 邮 | **托收承付** | 结算凭证（承付支款通知） | 5 | 托收号码：第 8662069 号 |

委托日期 2016 年 12 月 20 日

承付期限　年　月　日
到期　　　年　月　日

收款单位	全称	五一钢铁公司	付款单位	全称	乌市天山机械厂
	账号	996-34876-242		账号	991-38038-125
	开户银行	库尔勒市农行		开户银行	北京路办事处

委收金额	人民币（大写）	壹拾伍万叁仟肆佰玖拾肆元肆角整	千 百 十 万 千 百 十 元 角 分
			¥ 1 5 3 4 9 4 4 0

附件	商品发运情况	合同名称号码
附寄单证张数或册数　3	已发运	

备注：

验货付款

付款单位注意：
1. 根据结算方式规定，上列托收款项，如在承付期限内未来拒付，即视同全部同意付款，以此联代支款通知；如遇延付或部分支付，再由银行另送延付或部分支付的支款通知
2. 如需提前付款或多付款，应另写书面通知送银行办理
3. 如系全部或部分拒付，应在付款期限内另填拒付理由书送银行办理

单位主管　　会计　　复核　　记账　　付款单位开户行盖章　　12月20日

材料运杂费分配表

年　月　日

材料名称	分配标准（吨）	分配率	分配金额	备注
钢板				
生铁				
圆钢				
合计				

主管：　　　　　审核：　　　　　制表：

乌鲁木齐市增值税专用发票

此联不作报销、扣税凭证使用　　　　　No. 0993933

开票日期 2016 年 12 月 20 日

第三联　发票联　购买方记账联

购买方	名称：乌市天山机械厂 纳税人识别号：3341516528 地址、电话：乌市北京路 7842000 开户行及账号：市农行 991-38038-125						密码区	（略）

货物或应税劳务名称	规格型号	单位	数量	单价	金额	税率	税额
钢板		吨	20	3 100.00	62 000.00	17%	10 540.00
生铁		吨	40	298.00	11 920.00	17%	2 026.40
圆钢		吨	27	2 000.00	54 000.00	17%	9 180.00
合 计					￥127 920.00	17%	￥21 746.40

价税合计（大写）	⊗壹拾肆万玖仟陆佰陆拾陆元肆角整	（小写）	￥149 666.40

销售方	名称：五一钢铁公司 纳税人识别号：2014154365 地址、电话：库尔勒市 3846212 开户行及账号：库尔勒市农行 996-34876-242	税号：2014154365 发票专用章

收款人：陈斌　　　复核：　　　　开票人：张建军　　　销售方（章）：

材料验收入库单

供应单位：　　　　　收料日期：　年　月　日　　　　No. 161225

②本联交财务报账存查

计划项目		合同编号			材料编号										
	名称及规格	数量	计量单位	单价	总价							运杂费			
					万	千	百	十	元	角	分	百	十	元	角	分
采购记录	生铁														
		请款金额合计													
实收			实际价格												
请款日期 12.8	本月结余量	存放地点 2 号库	计划价格												

1. 附提单：号
2. 发票号码：号
3. 委托加工：委申单号
　　　　　出库单号
4. 提运限期：　年　月　日

检验结果　　　检验全部合格

备注

主管：　　记账：　　保管：　　检验：　　采购员：

材料验收入库单

供应单位： 材料日期： 年 月 日 No.161226

计划项目			合同编号			材料编号												
	名称及规格		数量	计量单位	单价	总价							运杂费					
						万	千	百	十	元	角	分	百	十	元	角	分
采购记录	钢板																
			请款金额合计														
实收			实际价格														
请款日期 12.12	本月结余量	存放地点	2号库	计划价格													

1.附提单：号
2.发票号码：号
3.委托加工：委申单号
　　　　　　出库单号
4.提运限期： 年 月 日

检验结果　　　检验全部合格

备注

主管： 记账： 保管： 检验： 采购员：

材料验收入库单

供应单位： 收料日期： 年 月 日 No.161227

计划项目			合同编号			材料编号												
	名称及规格		数量	计量单位	单价	总价							运杂费					
						万	千	百	十	元	角	分	百	十	元	角	分
采购记录	圆钢																
			请款金额合计														
实收			实际价格														
请款日期 12.8	本月结余量	存放地点	2号库	计划价格													

1.附提单：号
2.发票号码：号
3.委托加工：委申单号
　　　　　　出库单号
4.提运限期： 年 月 日

检验结果　　　检验全部合格

备注

主管： 记账： 保管： 检验： 采购员：

注：运杂费共计 3 828 元(不含增值税)，按数量分配运杂费，单据略。

（业务50）

材料验收入库单

供应单位：甘肃铝厂　　　收料日期：　年　月　日　　　　　No.161228

计划项目				合同编号			材料编号													
	名称及规格		数量	计量单位		单价	总价								运杂费					
							十	万	千	百	十	元	角	分	千	百	十	元	角	分
采购记录	铝锭		10	吨		11 000	1	1	0	0	0	0	0	0		4	0	0	0	0
			请款金额合计																	
实收	9.7吨			实际价格		11 041.24	1	0	6	7	0	0	0	0		4	0	0	0	0
请款日期12.13	本月结余量	存放地点	1号库	计划价格		10 000	￥	9	7	0	0	0	0	0						

1.附提单：号 2.发票号码：号 3.委托加工：委申单号 　　　　　出库单号 4.提运限期：　年　月　日	检验结果　　0.3吨系兰州市汽运公司责任短缺
	备注

主管：　　　记账：　　　保管：　　　检验：　　　采购员：

材料损耗报告单

2016 年 12 月 20 日

类别	名称规格	单位	损耗数量	单价	金额	损耗原因	处理意见
原材料	铝锭	吨	0.3	11 000	3 300	运输部门丢失	由兰州汽运公司赔偿
合计			0.3	11 000	3 300		

账务：樊华　　　审批：范中来　　　主管：赵平　　　保管：王秀　　　制单：刘石

赔偿请求单

2016 年 12 月 20 日

货物名称	铝锭	发运单位	甘肃铝厂	票据编号	161228	发运数量	铝锭 10 吨
金额	110 000 元	运杂费	400 元	到站实际数量		9.7 吨	
丢失品种	铝锭	损失数量	0.3 吨	要求赔偿货款		3 861 元(按含税价计算,不负担运杂费)	
损失原因	由于货物在停车场被盗,系运输单位责任,请求赔偿			索赔单位	乌市天山机械厂	赔偿单位意见	

(业务 51)

乌鲁木齐市增值税专用发票

此联不作报销、扣税凭证使用

No. 0993136

开票日期 2016 年 12 月 21 日

购买方	名称:乌市天山机械厂 纳税人识别号:3341516528 地址、电话:乌市北京路 7842000 开户行及账号:市农行 991-38038-125					密码区	(略)	
货物或应税劳务名称	规格型号	单位	数量	单价	金额	税率	税额	
产品广告(电视)		次	20	1 000.00	18 867.92	6%	1 132.08	
合计					¥18 867.92	6%	¥1 132.08	
价税合计(大写)	⊗贰万元整 （小写）						¥20 000.00	
销售方	名称:乌鲁木齐市电视台 纳税人识别号:2014158855 地址、电话:红山路 4838528 开户行及账号:市农行 991-63821-035					备注		

收款人:田彬　　复核:　　开票人:孙琴　　销售方(章):

（印章：乌鲁木齐市电视台 税号 2014158855 发票专用章）

第三联 发票联 购买方记账联

中国农业银行
转账支票存根

支票号码：0064535

签发日期：年 月 日

收款人：
金　额：．．．．．．．．．．．．．
用　途：．．．．．．．．．．．．．

中国农业银行乌鲁木齐市分行转账支票

支票号码：0064535

签发日期　　　　　　年　月　日
开户行名称：
收款人　　　　　　　　签发人账号

人民币 （大写）		千	百	十	万	千	百	十	元	角	分

用途
上列款项请从　　　　　　　复核
我账户内支付　　　　　　　记账
签发人签章　　　　　　　　验印

（业务 52）

材料验收入库单

供应单位：阜康炼焦厂　　　　收料日期：2016 年 12 月 21 日　　　　No. 161229

计划项目		合同编号			材料编号													
	名称及规格	数量	计量 单位	单价	总价							运杂费						
					十万	千	百	十	元	角	分	千	百	十	元	角	分	
采购 记录	焦炭	70	吨	135	¥9	4	5	0	0	0	0	¥5	0	0	0	0		
			请款金额合计															
实收	66.5 吨		实际价格	145.56	¥8	9	9	7	5	0		¥5	0	0	0	0		
请款 日期 12.15	本月结 余量		存放 地点 煤场	计划价格	130	¥8	6	4	5	0	0								

1. 附提单：号 2. 发票号码：号 3. 委托加工：委申单号 　　　　　　出库单号 4. 提运限期：　年　月　日	检验结果	短缺 3.5 吨，其中 1.5 吨为定额 内损耗，2 吨系超定额损耗
	备注	

主管：赵平　　　记账：刘石　　　保管：张平　　　检验：江文　　　采购员：洪桥

②本联交财务报账存查

材料损耗报告单

2016 年 12 月 21 日

类别	名称规格	单位	损耗数量	单价	金额	损耗原因	处理意见
燃料	焦炭	吨	1.5	135	202.50	定额内损耗	计入材料采购成本
燃料	焦炭	吨	2	135	270.00	超定额损耗	报请上级核批
合计			3.5	135	472.50		

②财务

账务：龚华　　　审批：范中来　　　主管：赵平　　　保管：王秀　　　制单：刘石

（业务 53）

差旅费报销单

年　月　日　　　　　　　　　　　附单据　张

工作部门			出差事由					
姓名								

出发		到达		回公司日期	出发补助			车船费	旅馆费	邮电费
日期	地点	日期	地点		天数	标准	金额			
合计										

总计金额（大写）

原借款金额		应退回		应补给	

报销人：　　　部门主管：　　　审核：　　　单位负责人：

注：所附其他单据略

（业务54）

用料单位：装配车间　　　　　　**领料单**　　　　　　　　2016 年 12 月

产品或命令	件号		件数	要料日期	总号 20161249		②此后联由经车间材料员签存收 材料核算员留存收
				12 月 22 日	分号　　10		
用途	包装产品						
材料编号	材料名称规格		计量单位	数量	重量	计划单价	计划总价
	请领						
	实发	包装材料					1 808.33
结存量		差异	价差	量差		原因	
存放地点	4 号库						
主要施工单位	主管	会计审核		核料	发料	收料	会计科目
	孙鑫	樊华		何亮	贾文豪	吴磊	

（业务55）

乌鲁木齐市增值税专用发票

此联不作报销、扣税凭证使用　　　　　　No. 0991950

开票日期 2016 年 12 月 23 日

购买方	名称：疆北机械厂 纳税人识别号：2110101234 地址、电话：克市 4848048 开户行及账号：克市农行 093-48953-651					密码区		（略）	第三联 发票联 购买方记账联
货物或应税劳务名称	规格型号	单位	数量	单价	金额	税率	税额	
成型机		台	2	50 000.00	100 000.00	17%	17 000.00	
合计					100 000.00	17%	￥17 000.00	
价税合计（大写）	⊗壹拾壹万柒仟元整　　（小写）						￥117 000.00	
销售方	名称：乌市天山机械厂 纳税人识别号：3341516528 地址、电话：乌市北京路 7842000 开户行及账号：市农行 991-38038-125					备注		

收款人：郭文强　　复核：　　　　开票人：张雨　　销售方(章)：

中国农业银行进账单（回单或收账通知）　1

No08756

出票人	全称		收款人	全称											
	账号			账号											
	开户银行			开户银行											
人民币（大写）						千	百	十	万	千	百	十	元	角	分
票据种类															
票据号码			收款人开户行签章												
单位主管　会计　复核　记账															

此联是收款人开户行交给收款人的回单或收账通知

（银行汇票及解讫通知单略）

（业务 56）

中国农业银行
转账支票存根

支票号码：0064536

签发日期：　年　月　日

收款人：乌鲁木齐市公证处
金　额：　　380.00
用　途：　公证费

中国农业银行乌鲁木齐市分行转账支票

支票号码：0064536

签发日期　　　　年　月　日
开户行名称：
收款人　　　　　　　签发人账号

人民币（大写）		千	百	十	万	千	百	十	元	角	分

用途

上列款项请从　　　　　复核
我账户内支付　　　　　记账
签发人签章　　　　　　验印

乌鲁木齐市行政事业性收费票据

缴费单位或个人姓名：乌市天山机械厂　　　2016 年 12 月 23 日　　　　　No.163012

收费项目或名称	计量单位	数量	单价	金额								
				百	十	万	千	百	十	元	角	分
公证费							¥	3	8	0	0	0

合计金额(大写)人民币：叁佰捌拾元整　　　　　　　　　　　　　　　¥380.00

收费单位(印)：　　　　　　收款人(章)：赵丽

（业务 57）

乌鲁木齐市增值税专用发票

此联不作报销、扣税凭证使用　　　　　　No. 0996912

开票日期 2016 年 12 月 24 日

购买方	名称：乌市天山机械厂 纳税人识别号：3341516528 地址、电话：乌市北京路 7842000 开户行及账号：市农行 991-38038-125	密码区	（略）

货物或应税劳务名称	规格型号	单位	数量	单价	金额	税率	税额
复印纸		箱	4	150.00	600.00	17%	102.00
合计					¥600.00	17%	¥102.00

价税合计(大写)	⊗柒佰零贰元整　　（小写）	¥702.00

销售方	名称：友好商场 纳税人识别号：222566688 地址、电话：友好路 4818789 开户行及账号：工行 991-38038-146	税号：222566688 备注

收款人：王平　　　复核：　　　开票人：张江　　　销售方(章)：

中国农业银行 转账支票存根 支票号码：0064537 签发日期：年 月 日 收款人：............... 金　额：............... 用　途：...............	**中国农业银行乌鲁木齐市分行转账支票** 支票号码：0064537 签发日期　　　　　　年　月　日 开户行名称： 收款人　　　　　　　　签发人账号

人民币 （大写）		千百十万千百十元角分

用途
上列款项请从　　　　　　复核
我账户内支付　　　　　　记账
签发人签章　　　　　　　验印

（业务58）无原始凭证

（业务59）

中国农业银行 转账支票存根 支票号码：0064538 签发日期：年 月 　　　　　日 收款人：............... 金　额：............... 用　途：...............	**中国农业银行乌鲁木齐市分行现金支票** 支票号码：0064538 签发日期　　　　　　年　月　日 开户行名称： 收款人　　　　　　　　签发人账号

人民币 （大写）		千百十万千百十元角分

用途
上列款项请从　　　　　　复核
我账户内支付　　　　　　记账
签发人签章　　　　　　　验印

（业务60）

中国农业银行专项借款借据（回单） 6

2016 年 12 月 26 日　　　　　第 38045 号

<table>
<tr><td>借款单位名称</td><td colspan="3">乌市天山机械厂</td><td>存款户账号</td><td colspan="9">991-38038-125</td><td rowspan="6" style="writing-mode:vertical">存款账户收款通知</td></tr>
<tr><td>贷款种类</td><td>出口专项借款</td><td>利率</td><td>6%</td><td>贷款户账号</td><td colspan="9">991-58038-225</td></tr>
<tr><td rowspan="2">贷款金额
（大写）</td><td colspan="3" rowspan="2">人民币陆拾万元整</td><td></td><td>百</td><td>十</td><td>万</td><td>千</td><td>百</td><td>十</td><td>元</td><td>角</td><td>分</td></tr>
<tr><td></td><td>¥</td><td>6</td><td>0</td><td>0</td><td>0</td><td>0</td><td>0</td><td>0</td><td>0</td></tr>
<tr><td>借款原因或用途</td><td colspan="3">新建生产线</td><td colspan="10"></td></tr>
<tr><td>约定还款日期</td><td colspan="3">2018 年 12 月 31 日</td><td colspan="10"></td></tr>
<tr><td>备注</td><td colspan="3"></td><td colspan="10">银行公章
2016 年 12 月 26 日</td></tr>
</table>

（借款合同略）

（业务61）

中国农业银行（　　　）利息转账专用传票

<table>
<tr><td>字</td></tr>
<tr><td>第</td></tr>
</table>

No 132004

科目：　　　　　　　2016 年 12 月 26 日

<table>
<tr><td rowspan="2">收入
利息
单位</td><td>单位
名称</td><td colspan="2">乌市农业银行
北京路分理处</td><td rowspan="2">支付
利息
单位</td><td>单位名称</td><td colspan="8">乌市天山机械厂</td><td rowspan="6" style="writing-mode:vertical">第一联　存、贷利息收支通知联</td></tr>
<tr><td>账号</td><td colspan="2">286-54024-028</td><td>账号</td><td colspan="8">991-38038-125</td></tr>
<tr><td rowspan="2">利息
金额</td><td>人民币
（大写）</td><td colspan="3" rowspan="2">叁万壹仟贰佰壹拾伍元陆角整</td><td>十</td><td>万</td><td>千</td><td>百</td><td>十</td><td>元</td><td>角</td><td>分</td></tr>
<tr><td></td><td>¥</td><td>3</td><td>1</td><td>2</td><td>1</td><td>5</td><td>6</td><td>0</td></tr>
<tr><td colspan="2">计息存、贷款户账号</td><td colspan="11">991-38038-125</td></tr>
<tr><td colspan="2">计算利息起讫时间</td><td colspan="3">2016 年 9 月 25 日至
2016 年 12 月 25 日止</td><td colspan="8" rowspan="2">上列利息金额已如数收付
你单位结算账户</td></tr>
<tr><td colspan="2">计息积数</td><td colspan="3"></td></tr>
<tr><td colspan="13">备注：第四季度短期借款利息</td></tr>
</table>

单位主管：　　　总会计：　　　会计：　　　复核：　　　记账：　　　制单：

（业务62）

乌鲁木齐市增值税专用发票

此联不作报销、扣税凭证使用   No. 0996936

开票日期 2016 年 12 月 26 日

购买方	名称：乌市天山机械厂 纳税人识别号：3341516528 地址、电话：乌市北京路 7842000 开户行及账号：市农行 991-38038-125						密码区	（略）
货物或应税劳务名称	规格型号	单位	数量	单价	金额	税率	税额
装订机		个	4	56.20	224.80	17%	38.21
合计					¥224.80	17%	¥38.21
价税合计（大写）	⊗贰佰陆拾叁元零壹分 （小写）						¥263.01
销售方	名称：友好商场 纳税人识别号：222566688 地址、电话：友好路 4818789 开户行及账号：工行 991-38038-146					税号:222566688 备注	

收款人：   复核：   开票人：   销售方（章）

第三联 发票联 购买方记账联

（业务63）

2016-12-26	成交过户交割凭单	卖
股东编号：A129626400 电脑编号：386000 公司编码：000877	成交证券：天山股份 成交数量：8 000（股） 成交价格：14.00 元	
申请编号：555 申报时间：09:44:20 成交时间：09:44:26	成交金额：112 000.00 元 标准佣金：336.00 元 过户费用：5.00 元	
上次余额：10 000（股） 本次成交：8 000（股） 本次余额：2 000（股） 本次库存：2 000（股）	印花税：112.00 元 实收金额：111 547.00 元 实收金额：111 547.00 元	

经办单位：_____   客户签章：_____

（业务 64）

（为简化核算,本业务不考虑投出固定资产增值税业务的处理,同时也不做纳税调整）

乌市天山机械厂

联营投资协议书(代合同)

新疆联合机械厂

………

第四条:

"投资固定资产,按评估价值 51 200 元入账。新疆联合机械厂承担相关运杂费。投资期从 2016 年 12 月 27 日起。"

………

甲方单位:_____

乙方单位:_____

公证人:_____

2016 年 12 月 5 日

联营资产评估报告书

市资评〔2016〕第 208 号

乌市天山机械厂:

我所接受贵厂委托并接到市国有资产管理局国资立字〔2014〕第 028 号文关于资产评估立项的通知,于 2016 年 12 月 10 日至 15 日派出注册会计师、高级工程师、评估师等 5 人组成评估小组,对贵厂申报的 XM160 压槽机进行评估,现将评估结果报告如下:

　　一、评估基准日:2016 年 12 月 1 日

　　二、评估特定目的:联营投资

　　三、评估计价标准:市场价值

　　四、评估情况及结果:见附表"机器设备评估报告表"

　　五、评估小组成员:负责人王永强;评估师张存贤;注册会计师陈军

机器设备评估报告表

被评估单位名称:乌市天山机械厂

评估时间:2016 年 12 月 15 日　　　　　　　　　　　　　货币单位:人民币(元)

机器设备名称及型号	产地	计量单位	数量	购置时间	计提折旧时间	设备账面价值			评估价值
						设备原值	已提折旧	净值	
压槽机 XM160	潍坊机床厂	台	1	2010.10	2010.12	100 000	48 800	51 200	51 200

评估人:张存贤　　　　　　　　　　　　　评估负责人:王永强

固定资产卡片

填卡日期 2016 年 12 月 27 日

类别	车床	编号		预计使用年限　18 年	
固定资产名称	压槽机			预计残值　5 000 元	
规格及型号	XM160			预计清理费用　240 元	
生产厂家	山东潍坊机床厂			折旧方法　直线法	
生产年份	2010.7			分类年折旧率:	％
调入来源:由山东潍坊机床厂购入				取得时已用年限	年
验收日期	2010.10			减少时已提折旧　48 800 元	
拨出单位					
开始使用日期				年　　月	
存放地点				机加工车间	
使用单位				机加工车间	
已提折旧截止			2016 年 11 月末		元
			年　月末		元
			年　月末		元
卡片注销日期			年　　月　　日		
原始价值			100 000 元		
其中安装费					
变动后金额					
年折旧额					
月折旧额					

固定资产联营转移单

投出单位:乌市天山机械厂

投入单位:新疆联合机械厂　　　　2016 年 12 月 27 日　　　　　转移单号:005

转移原因或依据		联营投资				评估价值		51 200
固定资产 名称	规格及 型号	单位	数量	原预计 使用 年限	已使用 年限	原值	已提 折旧	净值
压槽机	XA11160			18	3	100 000	48 800	51 200
调出单位						调入单位		
公章: 财务: 经办:						公章: 财务: 经办:		

中国农业银行

转账支票存根

支票号码: 0064539

签发日期: 年 月 日

收款人: **大华资产评估事**
　　　　　务所

金 额: 360.00

用 途: 评估费

中国农业银行乌鲁木齐市分行转账支票

支票号码:0064539

签发日期　　　　年　月　日

开户行名称:

收款人　　　　　　签发人账号

人民币 (大写)		千	百	十	万	千	百	十	元	角	分
							¥	3	6	0	0	0

用途:

上列款项请从　　　　　复核

我账户内支付　　　　　记账

签发人签章　　　　　　验印

注:评估费凭证略

（业务 65）

保险业专用发票

开票日期 2016 年 12 月 27 日　　　　　发票联　　　　　发票号码 201612008

查询码 税控码 机器编号		密 码 区		
付款方名称	乌市天山机械厂	付款方证件号码	3341516528	
收款方名称	平安财险乌市分公司	收款方识别号	2110108563	
承保险种		车辆交强险		
保险单号	12384012	批单号	13456777	
保险费金额（大写）	税号 2110108563 叁仟贰佰元整		小写：¥3 200.00	
代收车船税	发票专用章	滞纳金		
合计金额（大写）	叁仟贰佰元整		小写：¥3 200.00	
附注		主管税务机关及代码	新市区地税局	

中国农业银行
转账支票存根

支票号码：0064546

签发日期：　年　月　日

收款人：...............

金　额：...............

用　途：...............

中国农业银行乌鲁木齐市分行转账支票

支票号码：0064546

签发日期　　　　　　　年　月　日

开户行名称：

收款人　　　　　　　　签发人账号

人民币 （大写）		千	百	十	万	千	百	十	元	角	分

用途

上列款项请从　　　　　　复核

我账户内支付　　　　　　记账

签发人签章　　　　　　　验印

（业务 66）

乌鲁木齐市增值税专用发票

此联不作报销、扣税凭证使用　　　　　　No. 09914131

开票日期 2016 年 12 月 27 日

购买方	名称：乌市天山机械厂 纳税人识别号：3341516528 地址、电话：乌市北京路 7842000 开户行及账号：市农行 991-38038-125					密码区		（略）
货物或应税劳务名称	规格型号	单位	数量	单价	金额	税率	税额
办公楼装修费					60 000.00	11%	6 600.00
合计					￥60 000.00	11%	￥6 600.00
价税合计（大写）	⊗陆万陆仟陆佰元整　（小写）						￥66 600.00
销售方	名称：东风建安有限公司 纳税人识别号：2580108585 地址、电话：天山路 5818522 开户行及账号：农行 991-73821-036					备注	

收款人：孙军　　　复核：　　　开票人：张良　　　销售方（章）：

第三联 发票联 购买方记账联

中国农业银行
转账支票存根

支票号码：0064547

签发日期：　年　月　日

收款人：..............
金　额：..............
用　途：..............

中国农业银行乌鲁木齐市分行转账支票

支票号码：0064547

签发日期　　　　年　月　日

开户行名称：

收款人　　　　　　　　　签发人账号

人民币（大写）		千	百	十	万	千	百	十	元	角	分

用途

上列款项请从　　　　　复核
我账户内支付　　　　　记账
签发人签章　　　　　　验印

注：该办公楼为经营租入。

（业务 67）

委托银行收款　结算凭证（支款通知）

委托日期 2016 年 12 月 28 日　　5

委托号码：第 0075346 号

付款期限 20　年　月　日

延款期限 20　年　月　日

收款单位	全称	乌鲁木齐市电信局北京路分理处	付款单位	全称	乌市天山机械厂
	账号	991-72384-061		账号	991-38038-125
	开户银行	市农行北京路营业部		开户银行	乌市农行北京路分理处

委收金额 人民币（大写）壹仟陆佰元整

千	百	十	万	千	百	十	元	角	分
				¥1	6	0	0	0	0

长话	
市话	
线路租费	
电报	

付款单位注意：
1.根据结算方式规定，上列委托收款，如在付款期限内未来拒付，即视同全部同意付款，以此联代支款通知
2.如需提前付款或多付款，应另写书面通知送银行办理
3.如系全部或部分拒付，应在付款期限内另填拒付理由书送银行办理

单位主管：　会计：　记账：　复核：　付款单位开户银行盖章　2016 年 12 月 28 日

此联是付款单位开户银行通知付款单位按期付款的通知

（业务 68）

铸件交库单

生产部门：　　　年　月　日　　　第 161205 号

工号	铸件名称	规格	单位	数量	总价	备注
备注				检验人		
				入库人		

会计：　　记账：　　复核：　　制单：

第四联　送财务部门

（业务69）

乌鲁木齐市增值税专用发票

此联不作报销、扣税凭证使用

No. 0991951

开票日期 2016 年 12 月 29 日

<table>
<tr>
<td rowspan="4">购买方</td>
<td colspan="2">名称：伊犁伊河机械厂</td>
<td rowspan="4">密码区</td>
<td rowspan="4">（略）</td>
<td rowspan="4">第三联 发票联 购买方记账联</td>
</tr>
<tr><td colspan="2">纳税人识别号：334151628</td></tr>
<tr><td colspan="2">地址、电话：伊宁市 2626026</td></tr>
<tr><td colspan="2">开户行及账号：伊宁市农行 999-27064-049</td></tr>
<tr>
<td>货物或应税劳务名称</td>
<td>规格型号</td>
<td>单位</td>
<td>数量</td>
<td>单价</td>
<td>金额</td>
<td>税率</td>
<td>税额</td>
</tr>
<tr>
<td>磨齿机</td>
<td></td>
<td>吨</td>
<td>1</td>
<td>54 000.00</td>
<td>54 000.00</td>
<td>17%</td>
<td>9 180.00</td>
</tr>
<tr>
<td>合计</td>
<td></td>
<td></td>
<td></td>
<td></td>
<td>￥54 000.00</td>
<td>17%</td>
<td>￥9 180.00</td>
</tr>
<tr>
<td>价税合计（大写）</td>
<td colspan="5">⊗陆万叁仟壹佰捌拾元整　（小写）</td>
<td colspan="2">￥63 180.00</td>
</tr>
<tr>
<td rowspan="4">销售方</td>
<td colspan="5">名称：乌市天山机械厂</td>
<td rowspan="4">备注</td>
<td rowspan="4"></td>
</tr>
<tr><td colspan="5">纳税人识别号：3341516528</td></tr>
<tr><td colspan="5">地址、电话：乌市北京路 7842000</td></tr>
<tr><td colspan="5">开户行及账号：市农行 991-38038-125</td></tr>
</table>

收款人：贾平　　　复核：　　　开票人：张黎　　　发票专用章（章）：

中国农业银行
转账支票存根

支票号码：0064550

签发日期：　年　月　日

收款人：..............

金　额：..............

用　途：..............

中国农业银行乌鲁木齐市分行转账支票

支票号码：0064550

签发日期　　　　年　月　日

开户行名称：

收款人　　　　　　　签发人账号

<table>
<tr>
<td rowspan="2">人民币
（大写）</td>
<td rowspan="2"></td>
<td>千</td><td>百</td><td>十</td><td>万</td><td>千</td><td>百</td><td>十</td><td>元</td><td>角</td><td>分</td>
</tr>
<tr>
<td></td><td></td><td></td><td></td><td></td><td></td><td></td><td></td><td></td><td></td>
</tr>
</table>

用途

上列款项请从　　　　　　复核

我账户内支付　　　　　　记账

签发人签章　　　　　　　验印

注：运费凭证略

| 邮 | | | 托收承付 | | 结算凭证(回单) | | | | | | | | | | | |

托收承付　结算凭证(回单)

委托日期 2016 年 12 月 29 日　　　　委托号码：00685697

<table>
<tr><td rowspan="3">收款单位</td><td>全称</td><td colspan="2">乌市天山机械厂</td><td rowspan="3">付款单位</td><td>全称</td><td colspan="12">伊犁伊河机械厂</td></tr>
<tr><td>账号</td><td colspan="2">991-38038-125</td><td>账号</td><td colspan="12">999-27046-049</td></tr>
<tr><td>开户银行</td><td colspan="2">乌市农行北京路分理处</td><td>开户银行</td><td colspan="12">伊宁市农行</td></tr>
<tr><td rowspan="2">委收金额</td><td rowspan="2">人民币
(大写)</td><td colspan="4" rowspan="2">陆万伍仟壹佰捌拾元整</td><td></td><td>百</td><td>十</td><td>万</td><td>千</td><td>百</td><td>十</td><td>元</td><td>角</td><td>分</td></tr>
<tr><td></td><td>¥</td><td>6</td><td>5</td><td>1</td><td>8</td><td>0</td><td>0</td><td>0</td></tr>
<tr><td colspan="2">附件</td><td colspan="3">商品发运情况</td><td colspan="10">合同名称号码</td></tr>
<tr><td colspan="2">附寄单证
张数或册数</td><td>3</td><td colspan="2">汽运运费 2 000 元</td><td colspan="10">天机 9710029</td></tr>
<tr><td colspan="2" rowspan="2">备注：</td><td colspan="3" rowspan="2">款项收妥日期
年 月 日</td><td colspan="10" rowspan="2">(收款人开户银行盖章) 年 月 日</td></tr>
<tr></tr>
</table>

此联是收款人开户银行给付款人的回单通知

单位主管：　　　　会计：　　　　记账：　　　　复核：

(业务 70)

基本生产车间分配其他间接费用工时情况统计表

年　　月

铸件名称	铸造车间	车间 产品名称	机加工车间	装配车间
铸铁件 铸铝件	9 480 4 170	液压机	10 030	3 220
		磨齿机	6 700	2 140
合计	13 650	成型机	5 486	1 780
			22 216	7 140

主管：　　　　审核：　　　　制表：

工资费用分配汇总表

年　　月　　日　　　　　　　　　单位:元

分配对象	成本项目	分配标准	分配率	生产人员工资	管理人员工资	合计
基本生产成本(铸造车间)						
——铸铁件	直接人工					
——铸铝件	直接人工					
小计						
基本生产成本(机加工车间)						
——液压机	直接人工					
——磨齿机	直接人工					
——成型机	直接人工					
小计						
基本生产成本(装配车间)						
——液压机	直接人工					
——磨齿机	直接人工					
——成型机	直接人工					
小计						
辅助生产成本(辅助车间)						
——机修车间	直接人工					
——供汽车间	直接人工					
小计						
制造费用						
——铸造车间	工资费用					
——机加工车间	工资费用					
——装配车间	工资费用					
——机修车间	工资费用					
——供汽车间	工资费用					
小计						
在建工程	工资费用					
管理费用	工资费用					
合计						

单位主管:　　　　　　　审核:　　　　　　　制表:

（业务 71）

分配与工资有关的经费计提表

2016 年 12 月　　　　　　　　　　　　　单位:元

分配对象	成本项目	应付工资	社保金 32%	住房公积金 6%	工会经费 2%	教育经费 1.5%	合计
基本生产成本（铸造车间）							
——铸铁件	直接人工	7 963.20					
——铸铝件	直接人工	3 502.80					
小计		11 466.00					
基本生产成本（机加工车间）							
——液压机	直接人工	8 726.10					
——磨齿机	直接人工	5 829.00					
——成型机	直接人工	4 772.82					
小计		19 327.92					
基本生产成本（装配车间）							
——液压机	直接人工	2 833.60					
——磨齿机	直接人工	1 883.20					
——成型机	直接人工	1 566.40					
小计		6 283.20					
辅助生产成本（辅助车间）							
——机修车间	直接人工	5 279.68					
——供汽车间	直接人工	4 288.91					
小计		9 568.59					
制造费用							
——铸造车间	工资费用	1 439.73					
——机加工车间	工资费用	2 385.26					
——装配车间	工资费用	786.63					
——机修车间	工资费用	319.84					
——供汽车间	工资费用	482.80					
小计		5 414.26					
管理费用	工资费用	1 082.46					
在建工程	工资费用	13 425.76					
合计		66 568.19					

单位主管:　　　　　审核:　　　　　制表:

注:当月发生的福利费支出全部计入管理费用。

（业务 72）

材料成本差异计算表

年　　月

材料名称	期初		本期		差异率%
	计划成本	成本差异	计划成本	成本差异	
原料及主要材料					
辅助材料					
外购半成品					
修理用备件					
燃料					
周转材料					

单位主管：　　　　　　　　审核：　　　　　　　　制表：

（业务 73）

铸造车间生产领用材料汇总表

年　　月　　日

材料名称	数量	计划单价	计划成本	用途
原料及主要材料				
生铁				熔浇铸铁件
铝锭				熔浇铸铝件
小计				
辅助材料				
木材				制作铸铁件木模
木材				制作铸铝件木模
小计				
燃料				
煤				铸铁、铸铝件耗用
焦炭				铸铁、铸铝件耗用
小计				

单位主管：　　　　　　　　审核：　　　　　　　　制表：

铸造、机加工车间生产领用材料分配汇总表

年　月　日

分配对象	成本项目	直接计入				分配计入				合计	
		原料及主要材料		辅助材料		燃料					
		计划成本	成本差异	计划成本	成本差异	分配标准	分配率	分配计划成本	成本差异	计划成本	成本差异
基本生产成本（铸造车间）											
——铸铁件	直接材料										
——铸铝件	直接材料										
小计											
基本生产成本（机加工车间）											
——液压机	直接材料										
——磨齿机	直接材料										
——成型机	直接材料										
小计											

单位主管：　　　　　　审核：　　　　　　　　制表：

（业务 74）

装配车间领用外购半成品汇总表

2016 年 12 月

半成品名称 ＼ 产品名称	液压机	磨齿机	成型机
	计划成本	计划成本	计划成本
电器元件	23 280	10 850	8 940
标准件	22 740	11 040	9 020
液压件	23 830	10 670	8 880
合计	69 850	32 560	26 840

单位主管：　　　　　审核：　　　　　核料：　　　　　保管：

装配车间生产领用材料分配汇总表

年　　月　　日

分配对象	成本项目	直接计入		分配计入				合计	
		外购半成品		辅助材料					
		计划成本	成本差异	分配标准	分配率	分配计划成本	成本差异	计划成本	成本差异
基本生产成本（装配车间） ——液压机 ——磨齿机 ——成型机 小计	 直接材料 直接材料 直接材料								

单位主管：　　　　　　审核：　　　　　　　　制表：

（业务 75）

辅助工车间生产领用材料汇总表

年　　月　　日

材料名称	数量	计划单价	计划成本	用途
机修车间				
原材料及主要材料				
——圆钢				机修耗用
——钢板				机修耗用
——碳结构钢				机修耗用
小计				
修理用备件				机修耗用
合计				
供汽车间				
辅助材料				
——木材				生产蒸汽
小计				
燃料				
——煤				生产蒸汽
——柴油				生产蒸汽
小计				
合计				

单位主管：　　　　　　审核：　　　　　　　　制表：

辅助车间生产领用材料分配汇总表

年   月   日

分配对象	成本项目	直接计入								合计	
		原料及主要材料		辅助材料		修理用备件		燃料			
		计划成本	成本差异	计划成本	成本差异	计划成本	成本差异	计划成本	成本差异	计划成本	成本差异
基本生产成本 ——机修车间 ——供汽车间	直接材料 直接材料										
小计											

单位主管：   审核：   制表：

（业务 76）

生产车间、管理部门领用材料汇总表

2016 年 12 月

借方科目	贷方科目	辅助材料		劳保用品	
		计划成本	成本差异	计划成本	成本差异
制造费用	铸造车间	260		26.59	
	机加工车间	450		142.42	
	装配车间	200		52.45	
	小计	910		221.46	
制造费用	机修车间	250		21.95	
	供汽车间	400		18.80	
	小计	650		40.75	
管理费用		200		40	
合计		1 760.00		302.21	

单位主管：   审核：   核料：   保管：

机加工车间领用原材料及主要材料汇总表

2016 年 12 月

产品名称 \ 材料名称	钢板（吨）			圆钢（吨）			碳结构钢（吨）			合计
	数量	单价	计划成本	数量	单价	计划成本	数量	单价	计划成本	计划成本
液压机	9.5	3 000	28 500	8.2	1 800	14 760	4.2	1 700	7 140	
磨齿机	8.2	3 000	24 600	6.5	1 800	11 700	2.5	1 700	4 250	
成型机	3.3	3 000	9 900	2.75	1 800	4 950	2	1 700	3 400	
合计	21	3 000	63 000	17.45	1 800	31 410	8.7	1 700	14 790	

单位主管：   审核：   核料：   保管：

发料凭证汇总表

年 月 日

原材料

应借账户 ＼ 应贷账户	原料及主要材料 计划成本	原料及主要材料 成本差异	辅助材料 间接材料计划成本	辅助材料 直接材料计划成本	辅助材料 计划成本	辅助材料 成本差异	外购半成品 计划成本	外购半成品 成本差异	修理用备件 计划成本	修理用备件 成本差异	燃料 间接材料计划成本	燃料 直接材料计划成本	燃料 计划成本	燃料 成本差异	合计 计划成本	合计 成本差异
基本生产 铸造车间 铸铁件				1 500	1 500	−15										
基本生产 铸造车间 铸铝件				500	500	−5										
基本生产 铸造车间 小计				2 000	2 000	−20										
基本生产 机加工车间 液压机																
基本生产 机加工车间 磨齿机																
基本生产 机加工车间 成型机																
基本生产 机加工车间 小计			3 838.33		3 838.33	−38.38					4 580			137.4		
基本生产 装配车间 液压机							69 850	−1397								
基本生产 装配车间 磨齿机							32 560	−651.2								
基本生产 装配车间 成型机							26 840	−536.8								
基本生产 装配车间 小计							129 250	−2 585								
基本生产 合计			3 838.33	2 000	5 838.33	−58.38	129 250	−2 585			4 580		4 580	137.4		
辅助生产 机修车间				500	500	−5			387.1	3.87		6 018	6 018	180.54		
辅助生产 供汽车间																
辅助生产 合计				500	500	−5			387.1	3.87		6 018	6 018	180.54		
总计															146 573.43	375.19

（业务77）

外购水费分配表

年　　月　　日

应借科目	项目	用水数量（吨）	分配金额（分配率：　　）
制造费用	铸造车间	1 500	
	机加工车间	2 600	
	装配车间	1 400	
	机修车间	1 000	
	供汽车间	1 200	
	小计	7 700	
管理费用	水电费	2 600	
辅助生产成本	供汽车间	5 200	
在建工程	设备安装费	1 460	
合计		16 960	

主管：　　　　　　审核：　　　　　　制表：

外购电费分配表

年　　月　　日

应借科目	项目	成本项目	动力用电		照明用电	
			用电量	分配金额（分配率：　）	用电量	分配金额（分配率：　）
基本生产成本	铸造车间 ——铸铁件 ——铸铝件		10 500			
	机加工车间 ——液压机 ——磨齿机 ——成型机		31 800			
	装配车间 ——液压机 ——磨齿机 ——成型机		11 800			
	小计		54 100			
辅助生产成本	机修车间		4 600			
	供汽车间		6 900			
	小计		11 500			
制造费用	铸造车间				4 300	
	机加工车间				8 900	
	装配车间				4 300	
	机修车间				2 800	
	供汽车间				2 900	
	小计				23 200	
管理费用	水电费				9 400	
在建工程	设备安装费				408	
合计			65 600	29 520	33 008	16 504

主管：　　　　　　审核：　　　　　　制表：

基本生产车间加工费用分配表

车间:铸造   年   月

分配对象 (产品名称)	分配标准 (实际工时)	间接加工费	
		电费 (分配率:)	气费 (分配率:)
合计			

主管: 审核: 制表:

基本生产车间加工费用分配表

车间:机加工   年   月

分配对象 (产品名称)	分配标准 (实际工时)	间接加工费	
		电费 (分配率:)	气费 (分配率:)
合计			

主管: 审核: 制表:

基本生产车间加工费用分配表

车间:装配   年   月

分配对象 (产品名称)	分配标准 (实际工时)	间接加工费	
		电费 (分配率:)	气费 (分配率:)
合计			

主管: 审核: 制表:

注:工时分配标准见业务70。

（业务 78）

无形资产价值摊销表

年　月　　　　　　　　　　　　单位:元

资产名称	价值	摊销年限	月摊销额	备注
成型机专利权	120 000	10 年		
合计				

主管:　　　　　　审核:　　　　　　制表:

（业务 79）

待摊费用分配表

年　月

项目 车间、部门	保险费			报刊订阅费			合计
	实付额	分摊月数	本月分摊额	实付额	分摊月数	本月分摊额	
铸造车间	1 692	12		1 590	6		
机加工车间	4 128	12		3 780	6		
装配车间	1 836	12		1 800	6		
机修车间	1 080	12		1 770	6		
供汽车间	1 584	12		1 410	6		
小计	10 320	12		10 350	6		
管理部门	7 680	12		3 780	6		
合计	18 000	12	1 500	14 130	6	2 355	3 855

主管:　　　　　　审核:　　　　　　制表:

（业务 80）

固定资产盘亏核销凭证

年　月　日

　　上月挂账盘亏 XM006 车床一台,净值 3 000 元,经批准予以核销。
　　有关财产清查凭据略。

（业务 81）

辅助生产供应劳务数量汇总表

2016 年 12 月

耗用单位	劳务项目		备注
	汽（吨）	修理（工时）	
供汽车间：一般消耗		150	
机修车间：一般消耗	100		
铸造车间：产品消耗	860		
铸造车间：一般消耗	300	1 050	
机加工车间：产品消耗	1 700		计划单位成本： 汽：7.5 元/吨 修理：3 元/工时 成本差异计入管理费用
机加工车间：一般消耗	585	2 020	
装配车间：产品消耗	855		
装配车间：一般消耗	275	950	
企业管理部门	325	2 580	
小计	5 000	6 750	

主管：　　　　　　　审核：　　　　　　　制表：

辅助生产费用分配表

（计划成本分配法）

辅助生产车间名称			供汽车间	机修车间	合计
待分配费用					
供应劳务数量					
计划单位成本					
辅助生产	供汽	耗用数量			
		分配金额			
	机修	耗用数量			
		分配金额			
基本生产车间产品耗用	铸造车间	耗用数量			
		分配金额			
	机加工车间	耗用数量			
		分配金额			
	装配车间	耗用数量			
		分配金额			
基本生产车间一般耗用	铸造车间	耗用数量			
		分配金额			
	机加工车间	耗用数量			
		分配金额			
	装配车间	耗用数量			
		分配金额			
企业管理部门		耗用数量			
		分配金额			
按计划成本分配金额合计					
辅助生产实际成本					
辅助生产成本差异					

主管：　　　　　审核：　　　　　制表：

（业务 82）

材料物资盘盈盘亏报告表

2016 年 12 月

名称及规格	单位	单价	结存数量		盘盈		盘亏		原因
			账面	实存	数量	金额	数量	金额	
圆钢	吨			26.30					计量不准
柴油	千克			140					定额内损耗
合计									

主管：　　　　　审核：　　　　　制表：

（为简化计算，"进项税额转出"省略）

（业务 83）

原材料明细分类账户本期发生额及余额明细表

2016 年 12 月 31 日

账户名称	单位	单价	期初余额		本期增加		本期发出		期末余额	
			数量	金额	数量	金额	数量	金额	数量	金额
生铁										
铝锭										
钢板										
碳结构钢										
圆钢										
合计										

材料收发结存汇总表

年　　月

单位:元

材料账户	类别	名称	期初余额	本期增加	本期发出	期末余额
原材料	原料及主要材料					
	辅助材料	油漆				
		木材				
		包装材料				
		消耗材料				
		小计				
	外购半成品	电器元件				
		标准件				
		液压件				
		小计				
	修理用备件					
	燃料	煤				
		焦炭				
		柴油				
		小计				
	合计					
低值易耗品	工具					
	管理用具					
	劳保用品					
	合计					

（业务 84）

制造费用分配表

车间：铸造   年   月

分配对象（产品名称）	分配标准（实际工时）	分配率	分配金额

主管：   审核：   制表：

制造费用分配表

车间：机加工   年   月

分配对象 （产品名称）	分配标准 （实际工时）	分配率	分配金额

主管：   审核：   制表：

制造费用分配表

车间：装配   年   月

分配对象 （产品名称）	分配标准 （实际工时）	分配率	分配金额

主管：   审核：   制表：

(业务 85)

注：直接材料项目包括外购燃料、动力及水费

铸造车间成本计算表

铸件名称：铸铁件　　　　　　年　月　　　　　　　产量：

项目		直接材料	直接人工	制造费用	合计
月初在产品成本					
本月生产费用					
生产费用小计					
完工铸件	总成本				
	单位成本				
月末在产品成本					

主管：　　　　　　审核：　　　　　　制表：

完工铸件成本汇总表

年　月

铸件名称	单位	数量	直接材料	直接人工	制造费用	合计
铸铁件	吨					
合计						

(业务 86)

机加工车间各产品有关定额资料

产品名称	月初在产品		本月投入		完工产成品车间份额					
	定额直接材料费用	定额工时	定额直接材料费用	定额工时	单位定额		产量/台	定额直接材料费用	定额工时
					直接材料	工时			
液压机	256 816.62	7 390	89 000	3 210	28 536.16	1 170	3	85 608.48	3 510
磨齿机	153 139.67	4 580	78 000	2 320	13 367	610	4	53 468	2 440
成型机	93 471.67	3 200	50 500	1 400	11 602.28	500	3	34 806.84	1 500
合计	503 427.96	15 170	217 500	6 930	—	—	—	173 883.32	7 450

机加工车间产品成本计算表

年　月　　　　　　　　　　　　　　产品:液压机

项目	直接材料		定额工时	直接人工	制造费用	合计
	定额	实际				
月初在产品成本						
本月生产费用						
生产费用累计						
费用分配率						
计入产成品成本的份额						
月末在产品成本						

机加工车间产品成本计算表

年　月　　　　　　　　　　　　　　产品:磨齿机

项目	直接材料		定额工时	直接人工	制造费用	合计
	定额	实际				
月初在产品成本						
本月生产费用						
生产费用累计						
费用分配率						
计入产成品成本的份额						
月末在产品成本						

机加工车间产品成本计算表

年　月　　　　　　　　　　　　　　产品:成型机

项目	直接材料		定额工时	直接人工	制造费用	合计
	定额	实际				
月初在产品成本						
本月生产费用						
生产费用累计						
费用分配率						
计入产成品成本的份额						
月末在产品成本						

机加工车间计入产品成本份额汇总表

年　月　　　　　　　　　　　　　　单位:元

产品名称	成本项目			
	直接材料	直接人工	制造费用	合计
合计				

（业务87）

装配车间在产品数量及投料程度表

产品名称	单位	月初在产品	本月投入	本月完工	月末在产品	投料程度
液压机	台	2	4	3	3	90％
磨齿机	台	3	2	4	1	85％
成型机	台	2	3	3	2	90％

装配车间在产品成本计算表

产品名称:液压机　　　　　　年　月　　　　　　产量:3台

项目	直接材料	直接人工	制造费用	合计
月初在产品成本				
本月生产费用				
生产费用累计				
完工产量				
在产品约当产量				
产量合计				
费用分配率				
计入产成品成本的份额				
月末在产品成本				

装配车间在产品成本计算表

产品名称：磨齿机   年　月   产量：4 台

项目	直接材料	直接人工	制造费用	合计
月初在产品成本				
本月生产费用				
生产费用累计				
完工产量				
在产品约当产量				
产量合计				
费用分配率				
计入产成品成本的份额				
月末在产品成本				

装配车间在产品成本计算表

产品名称：成型机   年　月   产量：3 台

项目	直接材料	直接人工	制造费用	合计
月初在产品成本				
本月生产费用				
生产费用累计				
完工产量				
在产品约当产量				
产量合计				
费用分配率				
计入产成品成本的份额				
月末在产品成本				

装配车间计入产品成本份额汇总表

年　　月　　　　　　　　　　　　　　单位:元

产品名称	成本项目			
	直接材料	直接人工	制造费用	合计
合计				

（业务88）

产品成本汇总表

产品名称:液压机　　　　　　　　年　　月　　　　　　　　　　产量:

车间	直接材料	直接人工	制造费用	合计
机加工				
装配				
总成本				
单位成本				

产品成本汇总表

产品名称:磨齿机　　　　　　　　年　　月　　　　　　　　　　产量:

车间	直接材料	直接人工	制造费用	合计
机加工				
装配				
总成本				
单位成本				

产品成本汇总表

产品名称:成型机   年   月   产量:

车间	直接材料	直接人工	制造费用	合计
机加工				
装配				
总成本				
单位成本				

产成品入库单

交库单位:装配车间   2016 年 12 月 31 日   编号:00228

产品名称	型号规格	单位	交付数量	检验结果		实收数量	金额
				合格	不合格		
液压机		台	3	3		3	

车间送库盖章: 检验盖章: 仓库经收盖章:

产成品入库单

交库单位:装配车间   2016 年 12 月 31 日   编号:00230

产品名称	型号规格	单位	交付数量	检验结果		实收数量	金额
				合格	不合格		
磨齿机		台	2	2		2	
成型机		台	1	1		1	

车间送库盖章: 检验盖章: 仓库经收盖章:

产成品入库汇总表

年   月   日   金额单位:

产品名称规格	计量单位	数量	单位成本	总成本
合计				

（业务 89）无原始凭证

（业务 90）

坏账准备计提表

年　　月　　日

项目	行次	金额
"应收账款"及"其他应收款"账户期末余额合计	1	
提取比例	2	
期末应保留坏账准备	3	
坏账准备账户现有余额　　借方	4	
贷方	5	
本期应提坏账准备	6	
本期应冲坏账准备	7	

（业务 91）

长期债券投资利息收益计算表

债券名称		国库券
债券票面要素	发行日	2014.6.1
	到期日	2017.6.1
	面值	1 000
	单利利率	3.60％
	偿还方式	到期还本付息
购买日		2014.6.1
购买份数		100
购买价格		100 000
溢折价		
本期摊销折(溢)价		
投资收益		

主管：　　　　审核：　　　　制单：　　年　　月　　日

（业务 92）

已销产品成本结算单

年　　月　　日

产品名称	单位	月初结存		本月入库		本月销售	
		数量	总成本	数量	总成本	数量	总成本
合计							

复核：　　　　　　　　　　　　　制表：

注：采用先进先出法

（业务 97）

企业所得税计算申报表

预算级次：
企业名称：天山机械厂
申报所属时期：2016年1月至2016年11月
开户银行：
账号：

项目	本期数	累计数	项目	本期数	累计数	专管员审核意见
营业收入			利润（亏损）总额			
减：营业成本			减：应扣减利润			
营业税金及附加			1.			
销售费用			2.			
管理费用			3.			
财务费用			4.			
资产减值损失			加：应调增利润			
加：公允价值变动收益			1.			
投资收益			2.			
营业利润			3.			
加：营业外收入			4.			
减：营业外支出			计税所得额			
			本期应纳所得税额			
			减：已纳所得税额			票证号码及开票日期
			本期应退（补）所得税额			

企业负责人：　　　　会计主管：　　　　办税人员：　　　　申报日期：　　年　　月　　日

（业务 101）

可供分配利润计算表

年度

项目	行次	金额
净利润		
减：计提盈余公积		
加：盈余公积补亏		
年初未分配利润		
可供分配利润		

（业务 102）

银行余额调节表

存款种类：人民币户　　　　　　　年　月　日

项目	金额	项目	金额
银行对账单存款余额		企业账面存款余额	
加：企业已记收入，银行未记收入的款项		加：银行已记收入，企业未记收入的款项	
减：企业已记支出，银行未记支出的款项		减：银行已记支出，企业未记支出的款项	
调节后存款余额		调节后存款余额	

中国农业银行( )对账单

| 2016 年 | | 账号：991-38038-125 | | 第 22 页 |

日期操作员凭证号（略）	收入	付出	余额
承前页			501 450.70
1203		34 466.25	
1204		2 500.00	
1204		47 912.00	
1205		1 388.00	
1205		54 000.00	
1205	54 728.00		
1205		53 848.08	
1206		3 647.00	
1208		78 240.00	
1210		100 705.00	
1210		20 000.00	
1211		400.00	
1211	117 000.00		
1212		8 000.00	
1212		129 100.00	
1214		2 500.00	
1214	43 540.00		
1215		11 021.40	
1215		62 487.00	
1215		2 080.17	
1217		1 200.00	
1218		3 200.00	
1219	364 007.00		
1219		1 500.00	
1220		153 494.40	
1221		20 000.00	
1221		11 556.50	
1223	117 000.00		
1223		380.00	
1224		600.00	
1224		2 000.00	
1226	600 000.00		
1226		31 215.60	
1227		200 000.00	1 125 335.2

打印日期：20161227

第八章

相关会计报表

一、编制"资产负债表"

要求：根据期初资料及本期核算资料编制 2016 年度资产负债表（表 8-1）。

表 8-1

资产负债表

编制单位：　　　　　　　　　　　年　月　日　　　　　　　　　　　单位:元

资产	行次	年末数	年初数	负债及所有者权益	行次	年末数	年初数
流动资产：				流动负债：			
货币资金	1			短期借款	46		
交易性金融资产	2			应付票据	47		
应收票据	3			应付账款	48		
应收股利	4			预收款项	49		
应收利息	5			其他应付款	50		
应收账款	6			应付职工薪酬	52		
预付款项	7			应交税费	53		
其他应收款	8			应付利润	54		
存货	9			应付利息	56		
一年内到期的非流动资产	10			一年内到期的非流动负债	58		
其他流动资产	12			其他流动负债	59		
流动资产合计	20			流动负债合计	60		
				非流动负债：			
				长期借款	66		
				应付债券	67		
非流动资产：				长期应付款	68		
可供出售金融资产	21			其他非流动负债	75		
持有至到期投资	22			递延所得税负债	76		
长期股权投资	26			非流动负债合计	77		
固定资产	27			负债合计	78		
固定资产清理	28			所有者权益：	79		
在建工程	36			实收资本	80		
无形资产	40			资本公积	81		
递延所得税资产	41			盈余公积	85		
非流动资产合计	42			未分配利润	86		
				所有者权益合计	87		
资产合计	45			负债及所有者权益合计	90		

会计主管：　　　　　　　单位负责人：　　　　　　　单位公章：

二、编制"利润表"

天山机械厂利润表 1—11 月及上年有关资料见表 8-2：

表 8-2

利润表

编制单位：　　　　　　　　　　　2016 年 11 月　　　　　　　　单位:元

项目	行次	上年数	1—11 月累计数
一、营业收入	1	5 300 000.00	4 832 500
减:营业成本	2	3 480 000.00	3 070 600
税金及附加	3		55 800
销售费用	9	120 000.00	70 100
管理费用	10	465 000.00	372 700
财务费用	11	146 000.00	202 500
资产减值损失	15		60 600
加:投资收益	16	41 000.00	2 500
二、营业利润	17	1 130000.00	1 002 700
加:营业外收入	18	20 000.00	5 500
减:营业外支出	20	54 000.00	8 200
三、利润总额	21	1 096 000.00	1 000 000
减:所得税费用	22	274 000.00	250 000
四、净利润	23	822 000.00	750 000

会计主管：　　　　　单位负责人：　　　　　单位公章：

要求：1. 根据期初、上年资料及本期业务编制 2016 年 12 月利润表月度报表（表 8-3）。

2. 编制 2016 年度利润表（表 8-4）。

表 8-3

利润表

编制单位：　　　　　　　　　　年　　　月　　　　　　　　　　单位:元

项目	行次	本月数	本年累计数
一、营业收入	1		
减:营业成本	2		
税金及附加	3		
销售费用	9		
管理费用	10		
财务费用	11		
资产减值损失	15		
加:投资收益	16		
二、营业利润	17		
加:营业外收入	18		
减:营业外支出	20		
三、利润总额	21		
减:所得税费用	22		
四、净利润	23		
加:其他综合收益	24		
五、综合收益总额	25		

会计主管：　　　　　单位负责人：　　　　　单位公章：

表 8-4

利润表

编制单位： 年 单位:元

项 目	行次	本年数	上年数
一、营业收入	1		
减:营业成本	2		
税金及附加	3		
销售费用	9		
管理费用	10		
财务费用	11		
资产减值损失	15		
加:投资收益	16		
二、营业利润	17		
加:营业外收入	18		
减:营业外支出	20		
三、利润总额	21		
减:所得税费用	22		
四、净利润	23		
加:其他综合收益	24		
五、综合收益总额	25		

会计主管： 单位负责人： 单位公章：

三、编制 2016 年度"利润分配表"(表 8-5)

表 8-5

利润分配表

编制单位： 年 单位:元

项 目	行次	本年实际
一、净利润	1	
加:年初未分配利润	3	
二、可供分配利润	6	
减:提取法定盈余公积	9	
提取任意盈余公积	10	
三、可供投资者分配的利润	11	
减:应付利润	12	
四、未分配利润	13	

会计主管： 单位负责人： 单位公章：

第九章

财务分析

要求:根据所编制的报表及相关资料计算相关财务分析指标,填制基本财务分析指标一览表(表 9-1),并据此编写财务分析报告。

表 9-1

基本财务分析指标一览表

比率类型	比率名称	单位	本期实际	上年数	比率增减
变现能力比率	流动比率				
	速动比率				
资产管理比率	存货周转率	次			
	存货周转天数	天			
	应收账款周转率	次			
	应收账款周转天数	天			
	营业周期	天			
	流动资产周转率	次			
	总资产周转率	次			
负债比率	资产负债率	%			
	产权比率	%			
盈利能力比率	销售利润率	%			
	销售毛利率	%			
	资产毛利率	%			
	净值报酬率	%			
	资本金利润率	%			

第十章

附 件

附件 1-1：

增 值 税 纳 税 申 报 表

（一般纳税人适用）

根据国家税收法律法规及增值税相关规定制定本表。纳税人不论有无销售额,均应按税务机关核定的纳税期限填写本表,并向当地税务机关申报。

税款所属时间:自 年 月 日至 年 月 日　　填表日期:年 月 日　　　　金额单位:元至角分

纳税人识别号										所属行业:		
纳税人名称	（公章）		法定代表人姓名		注册地址		生产经营地址					
开户银行及账号			登记注册类型					电话号码				

项目		栏次	一般项目		即征即退项目	
			本月数	本年累计	本月数	本年累计
销售额	（一）按适用税率计税销售额	1				
	其中:应税货物销售额	2				
	应税劳务销售额	3				
	纳税检查调整的销售额	4				
	（二）按简易办法计税销售额	5				
	其中:纳税检查调整的销售额	6				
	（三）免、抵、退办法出口销售额	7			—	—
	（四）免税销售额	8			—	—
	其中:免税货物销售额	9			—	—
	免税劳务销售额	10			—	—

（续表）

项目		栏次	一般项目		即征即退项目	
			本月数	本年累计	本月数	本年累计
税款计算	销项税额	11				
	进项税额	12				
	上期留抵税额	13		——		
	进项税额转出	14				
	免、抵、退应退税额	15			——	——
	按适用税率计算的纳税检查应补缴税额	16				
	应抵扣税额合计	17=12+13－14－15+16			——	
	实际抵扣税额	18(如 17＜11,则为 17,否则为 11)				
	应纳税额	19=11－18				
	期末留抵税额	20=17－18				
	简易计税办法计算的应纳税额	21				
	按简易计税办法计算的纳税检查应补缴税额	22			——	
	应纳税额减征额	23				
	应纳税额合计	24=19+21－23				
税款缴纳	期初未缴税额(多缴为负数)	25				
	实收出口开具专用缴款书退税额	26				
	本期已缴税额	27=28+29+30+31				
	①分次预缴税额	28		——		——
	②出口开具专用缴款书预缴税额	29		——		——
	③本期缴纳上期应纳税额	30				
	④本期缴纳欠缴税额	31				
	期末未缴税额(多缴为负数)	32=24+25+26－27				
	其中:欠缴税额(≥0)	33=25+26－27			——	——
	本期应补(退)税额	34=24－28－29			——	
	即征即退实际退税额	35				
	期初未缴查补税额	36			——	——
	本期入库查补税额	37			——	——
	期末未缴查补税额	38=16+22+36－37				
授权声明	如果你已委托代理人申报,请填写下列资料: 为代理一切税务事宜,现授权 (地址) 为本纳税人的代理申报人,任何与本申报表有关的往来文件,都可寄予此人。 授权人签字:	申报人声明	本纳税申报表是根据国家税收法律法规及相关规定填报的,我确定它是真实的、可靠的、完整的。			

主管税务机关: 接收人: 接收日期:

附件 1-2：

增值税纳税申报表附列资料(一)

（本期销售情况明细）

纳税人名称：(公章)

税款所属时间：　年　月　日至　年　月　日

金额单位：元至角分

项目及栏次		开具增值税专用发票		开具其他发票		未开具发票		纳税检查调整		合计			服务、不动产和无形资产扣除项目本期实际扣除金额	扣除后	
		销售额	销项(应纳)税额	销售额	销项(应纳)税额	销售额	销项(应纳)税额	销售额	销项(应纳)税额	销售额	销项(应纳)税额	价税合计		含税(免税)销售额	销项(应纳)税额
		1	2	3	4	5	6	7	8	$9=1+3+5+7$	$10=2+4+6+8$	$11=9+10$	12	$13=11-12$	$14=13\div(100\%+税率或征收率)\times税率或征收率$
一、一般计税方法计税	全部征税项目														
	17%税率的货物及加工修理修配劳务　1														
	17%税率的服务、不动产和无形资产　2														
	13%税率　3														
	11%税率　4														
	6%税率　5	——										——		——		——
	其中：即征即退项目　即征即退货物及加工修理修配劳务　6	——										——		——		——
	即征即退服务、不动产和无形资产　7	——										——		——		——

（续表）

项目及栏次		栏次	开具增值税专用发票 销售额	开具增值税专用发票 销项（应纳）税额	开具其他发票 销售额	开具其他发票 销项（应纳）税额	未开具发票 销售额	未开具发票 销项（应纳）税额	纳税检查调整 销售额	纳税检查调整 销项（应纳）税额	合计 销售额	合计 销项（应纳）税额	合计 价税合计	服务、不动产和无形资产扣除项目本期实际扣除金额	扣除后 含税（免税）销售额	扣除后 销项（应纳）税额
			1	2	3	4	5	6	7	8	9=1+3+5+7	10=2+4+6+8	11=9+10	12	13=11−12	14=13÷(100%+税率或征收率)×税率或征收率
二、简易计税方法计税	全部征税项目	6%征收率	8														
		5%征收率的货物及加工修理修配劳务	9a														
		5%征收率的服务、不动产和无形资产	9b														
		4%征收率	10							—	—				—		
		3%征收率的货物及加工修理修配劳务	11							—	—				—		
		3%征收率的服务、不动产和无形资产	12							—	—						
		预征率 ____%	13a							—	—				—		
		预征率 ____%	13b							—	—				—		
		预征率 ____%	13c							—	—				—		
	其中：即征即退项目	即征即退货物及加工修理修配劳务	14	—	—	—	—	—	—	—	—				—		—
		即征即退服务、不动产和无形资产	15	—	—	—	—	—	—	—	—						—

（续表）

项目及栏次		开具增值税专用发票		开具其他发票		未开具发票		纳税检查调整		合计			服务、不动产和无形资产扣除项目本期实际扣除金额	扣除后	
		销售额	销项（应纳）税额	销售额	销项（应纳）税额	销售额	销项（应纳）税额	销售额	销项（应纳）税额	销售额	销项（应纳）税额	价税合计		含税（免税）销售额	销项（应纳）税额
	栏次	1	2	3	4	5	6	7	8	$9=1+3+5+7$	$10=2+4+6+8$	$11=9+10$	12	$13=11-12$	$14=13÷(100\%+税率或征收率)×税率或征收率$
三、免抵退税	货物及加工修理修配劳务 16		—												—
	服务、不动产和无形资产 17	—	—	—											—
四、免税	货物及加工修理修配劳务 18		—		—										—
	服务、不动产和无形资产 19	—	—	—											—

附件 1-3:

增值税纳税申报表附列资料（二）

（本期销售情况明细）

税款所属时间：　年　月　日至　年　月　日

纳税人名称:(公章)

金额单位:元至角分

一、申报抵扣的进项税额

项目	栏次	份数	金额	税额
(一)认证相符的增值税专用发票	1＝2＋3			
其中:本期认证相符且本期申报抵扣	2			
前期认证相符且本期申报抵扣	3			
(二)其他扣税凭证	4＝5＋6＋7＋8			
其中:海关进口增值税专用缴款书	5			
农产品收购发票或者销售发票	6			
代扣代缴税收缴款凭证	7	—	—	
其他	8			
(三)本期用于购建不动产的扣税凭证	9			
(四)本期不动产允许抵扣进项税额	10	—	—	
(五)外贸企业进项税额抵扣证明	11	—	—	
当期申报抵扣进项税额合计	12＝1＋4－9＋10＋11			

（续表）

二、进项税额转出额		
本期进项税额转出额	13＝14至23之和	
其中：免税项目用	14	
集体福利、个人消费	15	
非正常损失	16	
简易计税方法征税项目用	17	
免抵退税办法不得抵扣的进项税额	18	
纳税检查调减进项税额	19	
红字专用发票信息表注明的进项税额	20	
上期留抵税额抵减欠税	21	
上期留抵税额退税	22	
其他应作进项税额转出的情形	23	
三、待抵扣进项税额		
（一）认证相符的增值税专用发票	24	—
期初已认证相符但未申报抵扣	25	—
本期认证相符且本期未申报抵扣	26	—
期末已认证相符但未申报抵扣	27	—
其中：按照税法规定不允许抵扣	28	

（续表）

三、待抵扣进项税额					
（二）其他扣税凭证	29=30 至 33 之和				
其中：海关进口增值税专用缴款书	30				
农产品收购发票或者销售发票	31				
代扣代缴税收缴款凭证	32		—		
其他	33				
	34				
四、其他					
项目	栏次	份数	金额	税额	
本期认证相符的增值税专用发票	35	—			
代扣代缴税额	36	—	—		

附件 1-4：

增值税纳税申报表附列资料（三）

（服务、不动产和无形资产扣除项目明细）

税款所属时间：　　年　　月　　日至　　年　　月　　日

纳税人名称：（公章）　　　　　　　　　　　　　　　　金额单位：元至角分

项目及栏次		本期服务、不动产和无形资产价税合计额（免税销售额）	服务、不动产和无形资产扣除项目				
			期初余额	本期发生额	本期应扣除金额	本期实际扣除金额	期末余额
		1	2	3	4=2+3	5(5≤1且5≤4)	6=4－5
17%税率的项目	1						
11%税率的项目	2						
6%税率的项目（不含金融商品转让）	3						
6%税率的金融商品转让项目	4						
5%税率的项目	5						
5%征收率的项目	6						
3%征收率的项目	7						
免抵退税的项目	8						
免税的项目							

附件 1-5：

增值税纳税申报表附列资料（四）

（税额抵减情况表）

税款所属时间： 年 月 日至 年 月 日

纳税人名称:(公章) 金额单位：元至角分

序号	抵减项目	期初余额	本期发生额	本期应抵减税额	本期实际抵减税额	期末余额
		1	2	3＝1＋2	4≤3	5＝3－4
1	增值税税控系统专用设备费及技术维护费					
2	分支机构预征缴纳税款					
3	建筑服务预征缴纳税款					
4	销售不动产预征缴纳税款					
5	出租不动产预征缴纳税款					

附件 1-6:

增值税纳税申报表附列资料（五）

（不动产分期抵扣计算表）

税款所属时间：　　年　月　日至　　年　月　日

纳税人名称：(公章)　　　　　　　　　　　　　金额单位：元至角分

期初待抵扣不动产进项税额	本期不动产进项税额增加额	本期可抵扣不动产进项税额	本期转入的待抵扣不动产进项税额	本期转出的待抵扣不动产进项税额	期末待抵扣不动产进项税额
1	2	3≤1+2+4	4	5≤1+4	6=1+2-3+4-5

附件2：

固定资产(不含不动产)进项税额抵扣情况表

纳税人名称(公章)：　　　　填表日期：年 月 日　　　　金额单位:元至角分

项目	当期申报抵扣的固定资产进项税额	申报抵扣的固定资产进项税额累计
增值税专用发票		
海关进口增值税专用缴款书		
合 计		

附件3：

本期抵扣进项税额结构明细表

税款所属时间： 年 月 日至 年 月 日

纳税人名称：(公章)　　　　金额单位:元至角分

项目	栏次	金额	税额
合计	1=2+4+5+11+16+18+27+29+30		
一、按税率或征收率归集(不包括购建不动产、通行费)的进项			
17%税率的进项	2		
其中:有形动产租赁的进项	3		
13%税率的进项	4		
11%税率的进项	5		
其中:运输服务的进项	6		
电信服务的进项	7		
建筑安装服务的进项	8		
不动产租赁服务的进项	9		
受让土地使用权的进项	10		
6%税率的进项	11		
其中:电信服务的进项	12		
金融保险服务的进项	13		
生活服务的进项	14		
取得无形资产的进项	15		
5%征收率的进项	16		
其中:不动产租赁服务的进项	17		
3%征收率的进项	18		
其中:货物及加工、修理修配劳务的进项	19		
运输服务的进项	20		
电信服务的进项	21		
建筑安装服务的进项	22		
金融保险服务的进项	23		
有形动产租赁服务的进项	24		
生活服务的进项	25		
取得无形资产的进项	26		
减按1.5%征收率的进项	27		
	28		
二、按抵扣项目归集的进项			
用于购建不动产并一次性抵扣的进项	29		
通行费的进项	30		
	31		
	32		

附件 4：

增值税减免税申报明细表

税款所属时间： 年 月 日至 年 月 日

纳税人名称：(公章)　　　　　　　　　　　　　　　　　　　　金额单位：元至角分

一、减税项目

减税性质代码及名称	栏次	期初余额 1	本期发生额 2	本期应抵减税额 3=1+2	本期实际抵减税额 4≤3	期末余额 5=3-4
合计	1					
	2					
	3					
	4					
	5					
	6					

二、免税项目

免税性质代码及名称	栏次	免征增值税销售额 1	免税销售额扣除项目本期实际扣除金额 2	扣除后免税销售额 3=1+2	免税销售额对应的进项税额 4≤3	免税额 5=3-4
合计	7					
出口免税	8					
其中:跨境服务	9					
	10					
	11					
	12					
	13					
	14					
	15					
	16					

附件 5：

营改增税负分析测算明细表

纳税人名称：(公章)

税款所属时间： 年 月 日至 年 月 日

金额单位：元至角分

项目及栏次	增值税							营业税						
				扣除后		增值税应纳税额（测算）		原营业税税制下服务、不动产和无形资产差额扣除项目				应税营业额	营业税应纳税额
	不含税销售额	销项（应纳）税额	价税合计	服务、不动产和无形资产扣除项目本期实际扣除金额	含税销售额	销项（应纳）税额		期初余额	本期发生额	本期应扣除金额	本期实际扣除金额	期末余额		
合计	—												

参考文献

[1] 程腊梅.会计模拟实践教程.北京:机械工业出版社,2011

[2] 张维宾.新编会计模拟实习.上海:立信会计出版社,2012

[3] 陈凌.会计综合实训.北京:北京师范大学出版社,2013

[4] 贾宗武.企业会计实训.西安市:西北大学出版社,2013

[5] 财政部.企业会计准则.北京:中国财政经济出版社,2014

[6] 石本仁.中级财务会计.北京:中国人民大学出版社,2015

[7] 王学菊.会计综合实训.北京:经济管理出版社,2015

[8] 财政部会计资格评价中心.中级会计实务.北京:中国财政经济出版社,2016

[9] 中国注册会计师协会.会计.北京:经济科学出版社,2016

[10] 财政部.国家税务总局.营业税改征增值税试点实施办法.财税〔2016〕36号